INQUEBRÁVEL

Fernando Fernandes
com Pablo Miyazawa

INQUE

APRESENTAÇÃO
Flávio Canto

BRÁVEL

A história do
atleta que se
reinventou
depois de perder
o movimento
das pernas

Copyright © 2017 by Fernando Fernandes e Pablo Miyazawa

A Editora Paralela é uma divisão da Editora Schwarcz S.A.

Grafia atualizada segundo o Acordo Ortográfico da Língua Portuguesa de 1990, que entrou em vigor no Brasil em 2009.

CAPA Alceu Chiesorin Nunes
PROJETO GRÁFICO Tereza Bettinardi
FOTO DE CAPA Rafael Roncato
FOTO DE QUARTA CAPA Alexandre Socci
FOTOS DE MIOLO Acervo pessoal, exceto:
pp. 133 e 136: TV Globo
p. 134: Balint Vekassy (ICF)
p. 135: Leo Bosco Photographer
PREPARAÇÃO Paula Marconi de Lima
REVISÃO Renata Lopes Del Nero e Marise Leal

Dados Internacionais de Catalogação na Publicação (CIP)
(Câmara Brasileira do Livro, SP, Brasil)

Fernandes, Fernando
Inquebrável: a história do atleta que se reinventou depois de perder o movimento das pernas / Fernando Fernandes, com Pablo Miyazawa. – 1ª ed. – São Paulo: Paralela, 2017.

ISBN: 978-85-8439-079-3

1. Atletas – Brasil 2. Esportes aquáticos
3. Fernandes, Fernando 4. Memórias autobiográficas
5. Superação – Histórias de vida I. Miyazawa, Pablo.
II. Título.

17-05086   CDD-796.092

Índice para catálogo sistemático:
1. Atletas: Memórias autobiográficas 796.092

[2017]
Todos os direitos desta edição reservados à
EDITORA SCHWARCZ S.A.
Rua Bandeira Paulista, 702, cj. 32
04532-002 — São Paulo — SP
Telefone: (11) 3707-3500
editoraparalela.com.br
atendimentoaoleitor@editoraparalela.com.br
facebook.com/editoraparalela
instagram.com/editoraparalela
twitter.com/editoraparalela

SUMÁRIO

Apresentação
Fernando, o super-humano, Flávio Canto 7
Prólogo 11

PARTE 1: ANTES DA QUEDA 17
Bagunça Futebol Clube 19
Soldado Pádua 25
"Can I play?" 32
Muito glamour, pouco dólar 36
BBB 41
Sobrevivendo à fama 47
Nu 55
Perfume de mulher 59

PARTE 2: DIÁRIO DE UM RESILIENTE (2009-10) 63

PARTE 3: A VIDA PELA FRENTE 137
A alta 139
O primeiro banho 143

Reunião familiar 145
Voltando para mim mesmo 149
Fred e Diana 153
A volta 162
O último será o primeiro 165
"Quero ser campeão" 170
Outro mundo 176
Modelo de campeão 180
Um sonho paralímpico 184
O esporte é espetacular 189
Derrotas de surpresa 196
O adeus 201
Realidade e maturidade 207
A vida sexual do lesionado medular 210
Aceitar para amar 214
Eu na multidão 219
E o futuro? 223
Epílogo: andar com fé 228

Posfácio
O Nando que eu conheço, Pablo Miyazawa 233

APRESENTAÇÃO
FERNANDO, O SUPER-HUMANO
Flávio Canto

Eu tinha parado de competir havia poucos meses e ainda me sentia um faixa branca apresentando um programa na TV Globo. No caso, o *Corujão do Esporte*. Com pouquíssima experiência de TV, minha proteção era estudar ao máximo cada convidado que eu recebia. Naquele dia, o que me chamava mais atenção era o Fernando. Lembrava dele da época do *BBB*, mas sua presença no estúdio tinha um motivo bem diferente. Apenas um ano depois de um acidente que o fizera perder os movimentos das pernas, ele tinha ganhado seu primeiro mundial de paracanoagem. Boxeador, jogador de futebol, modelo, campeão do mundo... Eu recebi um cara cheio de vida. Tivemos uma conexão imediata.

Alguns meses depois, eu estava em Londres cobrindo as Olimpíadas de 2012 como comentarista de judô e, já inspirado por aquele primeiro contato com o Fernando, comecei a me apaixonar pelo movimento paralímpico. A campanha do canal de TV inglês Channel 4 era espetacular. "Obrigado pelo aquecimento. Você conheceu os superatletas. Agora conheça os super-humanos", dizia um dos comerciais que anunciavam as Paralimpíadas, que aconteceriam na sequência. Na trilha, a música pauleira "Harder Than You Think", do Public Enemy. Era uma fase de desconstrução do "coitadismo paralímpico". Surgia ali um novo olhar. Curioso, resolvi viajar até o Stoke Mandeville Hospital, a uma hora de Londres. Foi lá que um neurologista judeu alemão, fugindo do nazismo na véspera da Segunda Guerra, percebeu a força do esporte na reabilitação dos soldados. Era o começo dos Jogos Paralímpicos e do meu treinamento para a missão que me aguardava no Brasil: o *Boletim Paralímpico*, um programa que passaria na TV Globo todas as noites durante as Paralimpíadas de Londres.

Meu parceiro nessa empreitada seria um especialista em esporte, o tetracampeão mundial de paracanoagem Fernando Fernandes. Foram dias de emoção e muito aprendizado. Tudo o que havia estudado ficava pequeno diante dos recordes quebrados pelo nadador Daniel Dias, da velocidade do Alan Fonteles e, em especial, das "aulas" que tinha diariamente com o Fernando. Foi ele quem me ensinou que, muito mais relevante que a "deficiência" percebida naqueles competidores, era a extraordinária capacidade de adaptação e eficiência de cada um deles. Todos tinham encontrado uma nova forma de lutar, correr, saltar, remar, nadar, pedalar... Todos se reinventaram — e triunfaram.

Tenho a impressão de que foi nessa mesma época que o Fernando percebeu que sua história não era mais só dele. Por trás da sua força foi crescendo um sentimento de responsabilidade, que precisava ser compartilhado. Nascia o Instituto Fernando Fernandes, focado na melhora da vida de crianças com deficiência, e um Fernando ainda mais dono do seu caminho. Quase um missionário da mensagem de que todos podemos (e devemos) ir além e conquistar o improvável. Na neve, no ar, no deserto, nas corredeiras: lá estava ele para lembrar que os limites estão ali até o momento em que decidimos desafiá-los.

A parte que mais me impressiona neste livro, e que melhor traduz o Fernando, passeia nas linhas do diário que ele começou a escrever logo depois do acidente. Apesar de todas as mudanças impostas pela nova condição, não há um dia sequer em que ele não encare a vida e o futuro com coragem e peito aberto. Num trecho do dia 12 de agosto de 2009, quarenta dias depois do acidente, Fernando escreveu: "No fim dessa história, talvez eu me torne um sujeito melhor". É como me sinto depois de tê-lo conhecido e é como você deve se sentir depois de terminar este livro, contaminado pelo espírito inquebrável do meu amigo.

PRÓLOGO

VENCEDOR

Foi só quando entrei na água e alinhei o caiaque na raia que percebi que minha cabeça estava a mil por hora. Tentava lidar com uma mistura de sensações conflitantes — nervosismo, ansiedade, confiança, tudo junto —, porque sabia bem o quanto havia me dedicado até aquele momento. A cidade era Poznań, na Polônia, no auge do verão europeu, e eu, diante de uma plateia de 5 mil pessoas, estava pronto para competir na final do primeiro campeonato mundial de paracanoagem. Como havia chegado ali mesmo?

Era 20 de agosto de 2010, e fazia pouco mais de um ano que eu havia sofrido a lesão que me tirou os movimentos das pernas. Tinha dedicado os oito meses anteriores ao esporte, o que fazia de mim um atleta de verdade. Nesse período, busquei maneiras de aprender a praticar uma modalidade que quase ninguém conhecia no Brasil. Fizera daquele aprendizado a minha maior prioridade. E, de repente, lá estava eu, sentado em um barco, alinhado para a primeira grande prova da minha vida. O título seria decidido em uma só corrida e havia nove atletas competindo. Ventava muito, o que é um problema para a paracanoagem, porque atrapalha o equilíbrio. Mas não era um obstáculo grande para mim, que já estava acostumado a lidar com o vento do lago Paranoá, em Brasília, onde aprendi a remar. Quando ouvi a buzina da largada, saí como se fosse uma britadeira. Remei como se minha vida dependesse daquilo. Depois de 56 segundos, que nem senti passarem, atravessei a linha de chegada. Olhei para um lado e não vi ninguém. Para o outro, ninguém também. Eu havia cruzado sozinho e era o campeão. O primeiro campeão mundial da modalidade.

Muita gente me pergunta: no que você estava pensando durante a prova? Você se lembra de alguma coisa? Nada. Não faço ideia do que aconteceu e não me recordo de um único segundo daquela corrida. No documentário *Senna*, o piloto comenta sobre certa corrida: "Percebi que já não estava mais dirigindo conscientemente. Para mim, era como se fosse outra dimensão. Eu estava além da minha compreensão consciente". Hoje consigo entender isso, porque também não me lembro de nada.

Quando me dei conta, não me segurei e gritei: sou campeão mundial! CAMPEÃO MUNDIAL. Tinha vencido, descoberto meu lugar no mundo, me reencontrado na sociedade, finalmente achado a minha estrada. Ao subir no alto do pódio, me preparei para receber a medalha — o "selo de garantia" de todo o meu esforço. Aquele foi o momento exato em que me senti mais vitorioso. Não foi por ter sido campeão, mas por ter saído do nada, do zero, tão desacreditado. Enfim tinha sido recompensado depois da grande reviravolta. Então abri os braços, olhei lá para o alto e, bem de dentro, veio o outro grito que soltei para o céu: VENCI! Venci na vida. Fechei os olhos. E consegui enxergar, como um filme, as lembranças de pouco mais de um ano antes.

PERDEDOR

Aquele 3 de julho de 2009 começou com o sol brilhando forte, do jeito que sempre amei. Parecia uma sexta-feira como outra qualquer, mas eu estava mais ansioso que o de costume. Era o dia de ir à agência de modelos para acertar a papelada e os detalhes da minha viagem de trabalho mais importante até então. Dali a alguns dias, iria para Milão desfilar com exclusividade para a grife de luxo Dolce & Gabbana. De lá, seguiria para Nova York, onde passaria uma longa temporada fazendo mais trabalhos como modelo. Tudo o que eu fazia nos últimos tempos era esperar. Comia pouco, treinava intensamente e me cuidava para ficar em forma. Não podia nem pensar em fazer feio no grande momento da minha carreira. Parecia que tudo se encaminhava conforme o planejado.

Tomei meu café, me arrumei e fui para a agência. De lá, segui para a academia e comecei meu ritual de exercícios. Primeiro, fiz trinta minutos de esteira para aquecer e abrir os pulmões. Depois, enrolei as ataduras nas mãos, vesti as luvas de boxe e deixei a alegria começar. Passei uma hora e meia batendo em sacos de areia, me esquivando, ouvindo música e suando até os braços não aguentarem mais. Voltei para casa, tomei um banho e almocei pouco. A tarde estava tão agradável que resolvi correr no parque para continuar o treinamento.

Depois da corrida, fiquei sentado, relaxando no sol, e até esqueci que o celular estava na mochila. Só no fim da tarde vi a mensagem: meu pai tinha me chamado para jogar futebol naquela mesma noite, no campeonato do Clube Atlético Indiano, perto da represa de Guarapiranga, nos arredores de São Paulo, onde ele era técnico. Fominha que era, não consegui falar não. E lá fui eu calçar as chuteiras.

Aquela era a terceira atividade física que eu praticava em menos de doze horas, um exagero, obviamente, e é claro que meu corpo começou a reagir. Minhas pernas doíam e quase não respondiam durante o jogo. Até comecei a dar passes errados. Não conseguia tocar na bola sem sentir cãibra nas panturrilhas. No final do primeiro tempo, estava tão exausto que pedi ao meu pai para sair.

Depois do fim do jogo, tomei um banho e, como era sexta-feira, fiquei curtindo a noite com a rapaziada do clube. Depois de horas de papo furado, me despedi de todo mundo com um aviso: só vou voltar daqui a quatro anos. Este era o meu objetivo naquele momento: assim que finalmente saísse o trabalho como modelo, eu viajaria pelo mundo e só retornaria ao Brasil quando estivesse com o bolso cheio. Tinha colocado na cabeça que minha rotina seria viver com uma mala, uma mochila e um laptop. Se havia uma única oportunidade na vida para ganhar dinheiro, eu acreditava que seria aquela. Era tarde e eu estava tão cansado que nem lembro a que horas fui embora. Acredito que já passava das três da manhã quando entrei no carro. Dei a partida. Não pus o cinto de segurança. E, nas mãos de Deus, fui para casa.

Casa? Mas aquela não era a minha cama. Eu estava deitado em uma maca e percebi que me empurravam. Muito atordoado, confuso e dolorido, não entendia o que se passava. Que lugar era aquele? O que estava acontecendo? Olhando para cima, vi que estava em um longo corredor com luzes fortes que me cegavam. De repente, me deixaram em uma sala toda branca, onde me vi cercado de homens de idade e mulheres loiras e bonitas, todos vestidos de branco. Parece clichê, mas juro que cheguei a me perguntar se não havia morrido. Será que estava no céu?

Aos poucos, fui recobrando a consciência e entendi que estava em um hospital. Chegaram meus pais, outras pessoas da família e amigos. Apesar de tantos parentes reunidos, o que não acontecia fazia algum tempo, ninguém parecia feliz. Quando vi minha mãe com cara de choro, tive certeza de que alguma coisa estava muito errada.

Mas eu parecia normal. Entendi que tinha batido a cabeça, mas não percebi nenhum ferimento nem sangue aparente. Então, tentei mexer as pernas. Não senti nada. Repeti o comando, mas elas não respondiam. Eu não conseguia sentir nada da cintura para baixo. Aflito, perguntei a um médico: "Doutor, o que aconteceu com minhas pernas?". A resposta de todos era a mesma: "Calma, vai ficar tudo bem". Estavam escondendo alguma coisa.

Meu tio Étore, que é médico, me explicou pacientemente: "Olha, Nando, você sofreu um acidente. Bateu o carro e estava sem cinto. Você quebrou a coluna". Minha consciência era pouca, mas aquelas palavras me atingiram como uma bomba. Perturbado, respondi que precisava ir a Milão em alguns dias para fazer os desfiles e que minhas pernas tinham de funcionar de qualquer jeito! Eu falava e chorava ao mesmo tempo. "Calma, você vai passar por uma cirurgia para reconstruir a coluna e vamos ver como o teu corpo vai reagir."

Foi nessa hora que entendi a gravidade do problema e entrei em desespero. Só conseguia pensar: "Fodeu tudo". Aqueles minutos ou horas na sala de cirurgia, esperando para ser sedado e operado, foram os mais angustiantes da minha vida. Minha vontade era levantar dali e sair correndo, mas eu não podia. Mal sabia que só conseguiria me sentar outra vez depois de um mês. E quando voltaria a andar?

# PARTE 1
ANTES DA QUEDA

BAGUNÇA FUTEBOL CLUBE

Desde bem moleque, sempre fui calado. Gostava de brincar, mas nunca fui de falar muito. Não fazia ideia de que caminho seguir na vida, porém sempre soube bem do que gostava. Quando pequeno, já era muito ligado a esportes. Jogava futebol no colégio, matava aula para bater bola no Parque Ibirapuera e praticava outros esportes sempre que dava. Esporte, esporte, esporte. Era uma obsessão.

Eu era tímido, mas me expressava através do esporte e da bagunça: sempre fui o terror da classe. Hoje vejo que esse comportamento funcionava como uma válvula de escape: eu era bagunceiro porque, na verdade, me sentia envergonhado. Era um antídoto para a vergonha. As meninas adoravam, só que isso não queria dizer muita coisa para mim. Na época, as amigas da minha irmã, que estava na oitava série, chegavam a dizer que gostavam de mim, mas eu não tinha jeito para o assunto, era bem travadinho.

Meu pai, Mauro, jogava futebol e era apaixonado pelo esporte, porém foi um craque frustrado. Ele, que é mineiro, chegou a atuar profissionalmente no Uberlândia. Aos dezoito anos, foi convidado para trabalhar em uma grande empresa e, como o futebol era menos valorizado naquela época, escolheu o emprego e largou a bola. Acho que por isso transferiu as expectativas dele para mim — por muitos anos, ele quis que eu me tornasse um atleta de futebol.

E fazia sentido, já que eu também era apaixonado pela bola e ia sozinho aonde fosse para jogar. Todo dia tinha partida de "três dentro, três fora" na garagem no fundo do prédio em que eu morava, na rua José Antônio Coelho, na Vila Mariana, em São Paulo. Bem novinho, com uns oito anos, eu já me enturmava com os moleques de treze e era meio prodígio. Nos fins de semana, meu pai me levava para jogar no Clube Indiano.

Sou palmeirense desde que nasci, em 1981, provavelmente por causa da minha mãe (meu pai é santista). Não foi por coincidência que joguei no time infantil do Palmeiras. Também fui campeão de um torneio interno do Indiano. Eu amava futebol, mas odiei quando o Luiz Felipe Scolari foi escolhido para ser o técnico do Palmeiras em 1997. Na minha cabeça estava claro: ele vinha do Grêmio (que treinou um tempo antes), então era retranqueiro. Pensei: "Se esse cara vier para o Palmeiras, não vou mais ser palmeirense". Espero que o Felipão não fique chateado ao saber disso. No fim, ele ganhou tudo no Palmeiras, até a Libertadores, mas quando isso aconteceu eu já tinha deixado de torcer para o time.

A verdade é que, naquele período, eu já estava crescendo no futebol "de verdade" e tinha perdido um pouco do interesse por torcer. Queria ser jogador, não torcer para um time ou outro. É claro que eu tinha vontade de ser igual a uns caras que admirava — eu adorava os holandeses que jogaram a Copa de 1990, na Itália, como Gullit e Van Basten. Na mesma Copa, a Alemanha tinha o Matthäus, por quem eu também era apaixonado. Gostava ainda do Zenga, o goleiro da Itália. Acho que esse foi o tempo em que eu mais gostei de acompanhar o esporte.

Continuei andando com a molecada mais velha por causa do futebol, e isso sempre me abriu portas e me fez ser "respeitado" em todos os lugares. Aos doze anos, comecei a ir ao Parque Ibirapuera de bicicleta para jogar com os mais velhos. Acho que o Ibirapuera foi um dos lugares que eu mais frequentei na juventude. Passei grande parte da vida por ali; era o meu quintal. Também jogava no Sesc Vila Mariana. Circulava bem tanto entre os moleques da favela como entre os mais velhos da minha rua.

Aos catorze, eu era da seleção de futebol de campo do Indiano, clube que, apesar de amador, é conceituado e respeitado no meio. É muito viva a lembrança de pegar ônibus sozinho na avenida Vinte e Três de Maio para ir ao clube treinar, bem na hora do rush. Pegava o ônibus lotado às seis da tarde às terças-feiras. Chegava lá uma hora e meia depois e treinava. Para voltar, meu pai me buscava ou o pai de algum amigo me deixava em algum lugar e eu seguia de ônibus. No fim de semana havia os jogos propriamente ditos, e eu também ia de ônibus e voltava de carona com o pai de alguém.

Aliás, logo depois de sofrer o acidente, tive uma conversa que me marcou muito. Os moleques do Indiano foram me visitar e um deles falou: "Nando, eu sempre lembro que alguém ia te buscar num ponto de ônibus ou te deixava em algum canto. Todo mundo ia com mãe e pai, e você ia de busão. De algum jeito você sempre chegava. Tenho certeza de que você vai se virar. Se com catorze anos você se virava para fazer o que queria, agora vai ser tranquilo".

Eu continuava a jogar em todo lugar que dava — fosse na escolinha Craque do Portela, que foi da Portuguesa, ou em algum campo de várzea da Vila Mariana. Mas a vida não era só futebol. No colégio em que estudei por vários anos, o Benjamin Constant, eu jogava bola e também fazia parte das seleções de handebol, tênis de mesa, vôlei e natação. E todos admiravam o Nandinho. Eu não era baixinho, porém me chamavam de Nandinho porque, como já expliquei, andava com o pessoal mais velho.

Na escola meu foco sempre foi a educação física. Não gostava de estudar, só de bagunçar, mas era querido na aula de educação física. O professor Pedro era apaixonado por esporte e realmente tratava o assunto como ferramenta de ensino. Como eu levava a sério, ele me adorava. Foi quando aprendi a competir e a querer ganhar. Não parei para pensar nisso na época, e foi naquele momento que surgiu em mim esse espírito competitivo.

No Benjamin estudei alemão e até consegui guardar alguma coisa do idioma. No segundo campeonato mundial de paracanoagem de que participei, a gente pousou na Alemanha. Deu uma confusão, a galera do meu grupo foi para um lado, e eu, para o outro. Só depois percebi que tinham passado pela imigração com o meu passaporte. Acabei detido. E lá estava eu, sem documento, com um monte de alemães sisudos na minha frente. Arrisquei algumas palavras, e um guarda levou um susto: "Como assim? É brasileiro e sabe falar alemão?". Ficou tão impressionado que resolveu buscar meu passaporte com o resto do grupo. Falei mais umas palavras e o convenci a me deixar entrar no país.

Também foi no Benjamin que fiz a pior arruaça da minha infância: cortei o cabelo de uma menina da classe. Eu sempre pedia: "Tira o cabelo daí, por favor. Está em cima da minha mesa". Um dia, peguei a tesoura e... Clec! Depois entreguei o cabelo para ela. Na hora pensei que ia ser expulso. Levei muitas suspensões no colégio, mas nunca fui expulso. O lado bom era que todos os professores e diretores gostavam de mim. Apesar de bagunceiro, eu era adorável.

Eu tinha dois amigos no prédio, o Caio e o Punk, e a gente só aprontava; nosso negócio era fazer o que era proibido. Do que todos tinham medo, eu não tinha. Fazia umas maluquices, tipo andar na beirada do terraço do prédio, sem medo de cair no terreno ao lado. Quando a bola caía no vizinho, eu ia buscar rápido, antes que o cachorro dele aparecesse. A gente via o bicho longe. Eu descia o muro, pegava a bola, chutava para cima e corria para voltar por uma árvore. Rolavam também umas guerras de ovo com os edifícios Maira e Beatriz, da rua Pelotas, que não devolviam as nossas bolas.

E eu também adorava fazer a "feirinha do seu João", na casa vizinha ao prédio. Um dia, a gente pulou o muro com uma sacolinha para roubar chuchu. O dono da casa, o tal seu João, me viu, e corri para subir uma árvore e fugir, apavorado. Só que não consegui, escorreguei e continuei tentando subir. E o velhinho, coitado, batia com a vassoura na minha bunda. Como era bem fraco, não doía. Quando minha mãe chegou em casa, abriu a geladeira e viu aquele monte de chuchu. "Que negócio é esse?", ela perguntou. "Fiz feira ali no vizinho", respondi. "Vai devolver isso agora!", ela mandou. O Nandinho não era fácil.

SOLDADO PÁDUA

Estudei no Benjamin Constant até a quinta série, depois comecei a pingar de colégio em colégio: passei pelo Metropolitano, Objetivo, Bilac e Piratininga, todos na zona sul de São Paulo. No Metropolitano, eu era amigo de todas as turmas: dos nerds, dos bagunceiros, de todo mundo. Eu era muito democrático na educação física e sempre escolhia os piores para o meu time de futebol, para dar moral para os moleques (ou, às vezes, porque eles faziam os trabalhos para mim depois — risos). Tinha o Cláudio, um japonês magrão, e o Batatinha, baixinho e gordinho, que eu sempre escalava para jogar comigo. O Uendel, de família religiosa, era zoado por todo mundo, mas eu o deixava no gol. Ele não tinha medo da bola, pulava que nem doido. Meu time era sempre esse: Uendel no gol, Batatinha, Cláudio e eu, que não tocava a bola para ninguém.

A sexta série foi o ano em que mais fiz bagunça na vida. Bastava o professor virar para a lousa para todo mundo começar a jogar papel higiênico molhado nos outros, giz no ventilador... Confesso que gostava muito de irritar as pessoas, coisa de moleque. Os valores mudaram muito de lá para cá. Antigamente, bastava um brinquedo para a gente se divertir. Já morávamos em uma cidade grande, mas não era preciso fugir para o interior: a cidade também era o próprio interior. Jogávamos taco na rua e dava para ver o horizonte.

No meu tempo de criança, era tudo mais junto e misturado. Da turma do prédio, eu era o que mais frequentava outros ambientes. Vivia pelas ruas. Houve uma época em que eu amava samba quase tanto quanto futebol — e um estava relacionado ao outro. Como mandava bem com a bola, era convidado para jogar na várzea, nos clubes, no Ibirapuera e até na quadra da Vai-Vai.

O gosto pelo samba não veio de casa, foi uma paixão que descobri sozinho. Minha mãe me mandava dormir e eu levantava à meia-noite, pegava uma fitinha cassete e ia para a sala. Puxava com cuidado a porta do móvel de madeira, encaixava a fita no aparelho de som e esperava o programa *Arquivo do Samba* começar no rádio. Gravava o programa inteiro. No outro dia lá estava eu na escola, sentado no fundo da classe, com o gorrinho na cabeça para esconder os fones nos ouvidos, escutando samba durante a aula. Feliz da vida.

Outra lembrança que tenho da infância é de passar os dias com a Camila, minha irmã, que é três anos mais velha. Minha mãe, Maria Fernanda, trabalhava durante o dia, e por isso tínhamos de nos virar. Às vezes, ela deixava dez reais para comermos no McDonald's de um shopping próximo — cinco para o almoço e cinco para o jantar. Apesar de termos uma funcionária (sempre detestei a palavra "empregada" e me recuso a usar) trabalhando em casa, eu fazia tudo por minha conta. Era muito independente e ia sozinho de manhã para a escola, com a mochila nas costas e um toca-fitas (que mais tarde seria substituído por um discman). Almoçava em casa e voltava para a escola, para passar a tarde praticando esporte.

Meus pais se separaram quando eu ainda era muito novo. Lembro de bem pouca coisa da separação, mas principalmente das discussões. Minha irmã e eu pegávamos umas panelas para fazer barulho, abafando o que eles falavam e tentando acabar com aquilo de alguma forma. Depois minha mãe nos criou sozinha.

Houve uma época em que eu só via meu pai nos fins de semana de jogo de futebol. Como sempre foi um cara com certa dificuldade para expressar os sentimentos, ele me educava pelo esporte. E, por ser muito batalhador dentro e fora dos campos, sempre me cobrava muito quando eu estava jogando. Essa era a forma dele de demonstrar carinho.

Eu queria ser jogador profissional, mas até então nunca tinha treinado a parte física. Isso só mudou aos quinze anos, depois que fiz a cirurgia para corrigir um desvio de septo. Não respirava direito antes disso, o que pode ter atrapalhado a minha profissionalização. Eu jogava e me cansava muito. Com a operação, passei a conseguir respirar direito — "descobri" o que era oxigênio. Antes, jogar era só gostoso. Eu corria, fazia o gol, descansava e deixava os outros jogadores se virarem depois. Depois da operação, comecei a ficar forte e a querer treinar de verdade. Eu sempre tinha sido o camisa dez, mas passei a jogar como zagueiro. Quando a vontade de treinar batia, eu chegava a fazer embaixadinha com bola de tênis dentro de casa. A cobrança aumentou pra valer quando comecei a fazer testes — primeiro no Palmeiras (já tinha jogado lá no time infantil) e depois no time juvenil do Corinthians, clube em que o treinador não curtiu muito meu estilo de jogar. Até que fui parar na categoria de base da Portuguesa. Um tempo depois, me chamaram para jogar no Flamengo de Guarulhos, cujo nome é inspirado no xará carioca. Lá, atuei no time principal e, às vezes, "descia" de categoria para reforçar a equipe que disputava a Copa São Paulo de Juniores.

Daquele ano como profissional do Flamengo eu me lembro bem de um zagueiro chamado Pereira, que jogava comigo no time (ele segue na ativa até hoje). Eu olhava para aquele cara gigante e pensava: "Não quero ser magro, quero ser igual a ele". Foi quando comecei a fazer musculação. Inclusive, tinha de puxar ferro sem o pessoal do time saber, porque naquela época achavam que musculação deixava o jogador duro.

Àquela altura eu já trabalhava como modelo e tinha feito alguns trabalhos — o primeiro foi aos dez anos, um comercial para as pastilhas Garoto. Eu já estava associado a uma agência e, num belo dia, um booker (profissional que seleciona modelos para trabalhos) apareceu por lá e escolheu cinco caras para trabalhar no exterior. Eu tinha dezessete anos e fui um dos selecionados.

Foi quando comecei a ter uma dúvida que perduraria por bastante tempo: que carreira seguir? Por um lado, era atleta profissional de um time de futebol da quarta divisão, com carteira assinada e salário de 130 reais mensais. Comecei a fazer as contas: vou para Guarulhos e volto todos os dias de ônibus para ganhar 130 reais. Se fizer qualquer desfile como modelo, ganho quinhentos. Não tinha como não colocar na balança e pensar se o futebol estava valendo a pena.

O detalhe é que, no ano seguinte, eu ia fazer dezoito anos e precisava me apresentar no Exército. Alguém do time aconselhou que eu me alistasse em Guarulhos, porque seria liberado por ser atleta profissional do Flamengo. Na mesma época, comecei a brigar com os diretores do time. Eu era reserva e queria ser titular, então ameacei pegar meu passe e ir para outro lugar. "Ah, você vai embora? Então tá bom", foi o que ouvi como resposta. Deixei o clube de vez, só que me esqueci de que havia me alistado em Guarulhos. Quando chegou o dia de me apresentar no quartel, foi um choque. Eu inocentemente achava que seria liberado, e só me dei conta de que não seria quando começaram a medir minha cabeça. Nessa mesma época, eu tinha acabado de ser convidado para trabalhar nos Estados Unidos. "Não posso entrar no Exército, vou ser modelo em Nova York!", pensava.

Não falei uma palavra, porque reclamar não ajudaria em nada. Servi durante um ano no Tiro de Guerra de Guarulhos. Acordava todos os dias às quatro da manhã e ficava no quartel até as dez. Eu teria de aguentar um ano disso, mas Nova York não saía da minha cabeça. E se fosse minha última chance? Então, para não perder mais oportunidades como modelo, passei a ignorar as regras do Exército — como a proibição de usar o cabelo um pouco mais comprido. Quando tinha de cortar o cabelo, raspava na medida certa e passava gel para ficar bem assentado. Nas primeiras vezes deu certo, mas logo começaram a perceber.

No dia da inspeção, o sargento dizia: "Hoje é dia de conferir barba, cabelo, roupa". Nessa hora, todo mundo já olhava para o soldado Pádua (eu, no caso) e começava a rir. E o sargento sem entender: "Do que vocês estão rindo?". Quando ele enfim reparava, vinha o berro: "Pô, Pádua, que cabelo é esse? Vai lá no barbeiro e raspa essa merda!".

O convite para Nova York ainda estava em pé, só que eu não tinha como ir naquele momento. Enquanto isso, os trabalhos como modelo no Brasil continuavam aparecendo. Teve uma vez em que me ausentei do quartel por três dias para participar de uns desfiles no Sul. Quando voltei, fui punido com três dias seguidos de guarda. Compensou, porque ganhei meu dinheirinho, mas o sargento foi pegando mais e mais birra de mim. Ao mesmo tempo, eles me adoravam no quartel porque sempre fui o cara com mais disposição física. E também já tinha inventado de lutar boxe.

Quando a mudança de time não deu certo, acabei desistindo de tudo e peguei bode do futebol. De uma hora para outra, não queria mais jogar bola, perdi o tesão e o prazer pelo esporte. É engraçado, mas isso acontece com muita gente. Você quer muito realizar um sonho e, se não rola, fica desiludido.

Mas eu sabia que precisava encontrar outro esporte. A convite de um amigo de infância, Diego Latorre, fui conhecer a Academia Godói-Macaco, no Brooklin, em São Paulo, onde me decidi pelo boxe. Também queria aprender a me defender. Antes, cheguei a treinar jiu-jítsu, mas me identifiquei com o boxe. Pratiquei por três meses antes mesmo de fazer dezoito anos e, quando entrei no Exército, já estava "quadradão", ou seja, forte e com as costas largas.

Minha situação estava complicada. Preso ao Tiro de Guerra e precisando pagar as contas, comecei a trabalhar à noite em uma loja de roupas em um shopping e acabei perdendo a chance de ir para Nova York. Eu estava naquela fase da urgência, precisava ir de qualquer jeito. Quando finalmente a obrigação militar acabou, falei para minha mãe que queria tentar a sorte fora do Brasil. E, quando a chance apareceu, aproveitei sem pensar duas vezes.

"CAN I PLAY?"

Eu sabia que o Leandro, um velho amigo meu da Vila Mariana, tinha ido estudar em San Diego, na Califórnia. Começou a jogar futebol americano na faculdade e acabou ficando por lá. Quando me convidou para morar com ele, não tive dúvidas. Minha mãe ficou falando: "Não vá. Você vai desistir e voltar". Mas eu queria ver no que ia dar. Não tinha nada a perder. Peguei as economias que tinha juntado com os trabalhos de modelo e fui.

Minha prioridade não era trabalhar, mas aprender inglês. Assim que cheguei, me matriculei em um colégio público. Na minha classe havia alunos de todas as partes do mundo, principalmente da Ásia — curiosamente, muitos vietnamitas. A vida era tranquila. Eu ia de skate para o colégio. Morava em um apartamentinho minúsculo, de um quarto só: eu dormia no sofá e o Leandro, na cama de casal.

Minha rotina era basicamente fazer nada. Cheguei a trabalhar como pedreiro em obra para fazer algum dinheiro. De vez em quando, íamos de carro até Tijuana, no México, atrás de balada, porque eu ainda não tinha 21 anos e não podia sair nos Estados Unidos. Quando ia para a aula, fingia que estava estudando. Mas, se teve algo bom que aconteceu em San Diego, foi que passei a entender como tirar o melhor da musculação e a ficar realmente forte.

Éramos três brasileiros que treinávamos juntos — eu, o Leandro e o Tartaruga, um moleque que era um cavalo, todo tatuado do pescoço para baixo. Nós voltávamos do treino e descíamos para a churrasqueira do prédio com três pedaços enormes de frango para cada um. Primeiro, fazíamos uma batida de whey protein no liquidificador, bebíamos tudo e, depois, comíamos os filés de frango. Eles me falavam: "Para ficar forte, tem que comer tudo isso!". E eu topava sem questionar. Era moleção e queria ficar grande igual a eles.

Foram seis meses nessa vida, e só voltei quando o dinheiro acabou de vez. Já no Brasil, continuei fazendo bicos como modelo. De vez em quando, pingavam uns trabalhinhos aqui e ali, pouca coisa, mas foi numa dessas que surgiu de novo a oportunidade de ir para Nova York. Dessa vez, a agência que me chamou pagaria a passagem. Ainda sem nada a perder, lá fui eu ser modelo internacional.

Cheguei a Nova York na última semana de agosto de 2001, com vinte anos e ainda falando inglês bem mal. Do aeroporto, peguei um táxi e mostrei para o motorista um papelzinho com o endereço da agência Boss Models, uma das mais importantes de modelos masculinos. Lá conheci o booker, que eu já tinha visto no Brasil, e o Alexandre Verga, que foi meu grande parceiro e ainda hoje é um modelo bem-sucedido.

Foi com o Alê que dividi apartamento no Harlem, bairro que eu sabia que era quase exclusivamente habitado por moradores negros. Lembro até de falar: "Caramba, morar aqui? Não tem problema?". Eu já tinha ouvido muita história de que não admitiam brancos por ali. Mas disseram: "Que nada, é tranquilo. Os caras sabem que a gente é brasileiro". Moramos na rua 125, e, depois, chegaram mais três modelos, entre eles o Luis Borges e o Luciano Tartalia, que eu já havia conhecido no Brasil.

A situação era meio precária no apartamento. Só havia um quarto e cada um tinha o seu canto e um colchãozinho. Você só ganhava o direito de pegar um espaço melhor se algum morador fosse embora. Vida de modelo morando fora antigamente era assim. Hoje é tudo bonitinho, mas naquele tempo era bem sofrido. Ganhava 110 dólares por semana de ajuda de custo, porque ainda não tinha rolado nenhum trabalho grande. E, se fizesse algum, só receberia depois de três meses. Então, enquanto não fosse chamado para alguma coisa, esse era todo o dinheiro que eu tinha para o bilhete único semanal de transporte público e a comida, que a gente comprava naquelas lojas de um dólar. Lá estava eu, todo peão, e ainda achava que seria um grande modelo!

O detalhe é que fui para Nova York com apenas três fotos no meu book. Imagine chegar ao mercado "A" da moda com as três fotinhos que eu tinha feito no Brasil! Fui me apresentar na grife Jean Paul Gaultier e mostrei uma foto, duas, três... "Só tem isso?", perguntaram, sem acreditar. Desse jeito, eu não conseguiria nada. Mas o cara que me levou para lá tinha garantido que investiria em mim.

Enquanto esperava o telefone tocar, eu treinava em uma academia comunitária que custava dezessete dólares por ano. Era o que dava para pagar. Um dia, sem nada para fazer, resolvi ir ao Central Park sem camisa, só de shorts e tênis de corrida. Na volta para o Harlem, vi um grupo jogando futebol e me aproximei na cara de pau. "*Can I play?*" Eram todos negros, eu era o único branquelo. E eles não deixaram. Só que, lá pela quarta partida, uma pessoa saiu e me chamaram para entrar. Acabei com o jogo e virei o rei do time.

Nos outros dias, os caras, que eram de Honduras, chegaram a me buscar em casa para eu continuar jogando com eles. Voltava todo sujo, passava no frango frito do chinês, comia e ia para casa. Já tinha passado um mês quando, no dia 11 de setembro, acordei com o telefone tocando às nove da manhã: "Nando, cuidado que está tendo guerra aí!", minha mãe começou a falar, toda nervosa. Respondi: "Mãe, a senhora só pode estar de brincadeira". Desliguei e voltei a dormir.

Ela ligou de novo: "Pelo amor de Deus, está tendo guerra. Ligue a televisão". Nessa hora, a primeira torre do World Trade Center já tinha sido atingida. Acordei todo mundo da casa. "Meninos, não saiam de casa!", alertou o booker pelo telefone. Pensamos: "Fodeu". Como o predinho era de três andares, subimos no telhado para tentar ver alguma coisa. E foi bem nessa hora que veio o segundo avião.

MUITO GLAMOUR, POUCO DÓLAR

Dava para enxergar o World Trade Center de todos cantos de Nova York. Eu morava na rua 125, bem longe do local dos atentados, mas consegui ver o avião se chocar com a parte mais alta do prédio e, em seguida, muita fumaça tomando conta. Na hora, bateu o desespero generalizado: "Vai ter guerra mesmo, o que vamos fazer?". Entramos em casa e passamos o dia inteiro com a televisão ligada. Pouco depois, as torres caíram de vez e a fumaceira dominou a cidade.

Não sei bem o que passava pela minha cabeça naquele dia. Provavelmente nada, porque eu não conseguia me convencer de que aquilo era uma guerra de verdade. E aí chegamos à bizarra conclusão de que ninguém jogaria bomba onde estávamos, porque, afinal, morávamos na "quebrada". "Quem vai querer bombardear isso aqui? Ninguém!" Na hora deu para rir da situação, talvez de nervoso. Um, dois, três, quatro dias se passaram, e nós ainda estávamos com medo de tudo. Falavam muito do risco de ataque com a bactéria que causa o antraz, que poderia se espalhar pela água. Por isso, chegamos a tomar banho com água de garrafa comprada no supermercado. Quando já estávamos muito entediados por ficar presos em casa, algumas modelos brasileiras nos convidaram para uma festa no apartamento delas. No metrô, todo mundo usava fones de ouvido para escutar pelo rádio se havia risco de novos atentados. Descemos cinco estações antes do destino e fizemos parte do caminho a pé para desviar do centro, onde era mais provável que um novo atentado acontecesse. Quando achamos que estávamos numa área mais segura, pegamos o metrô de novo. Na casa das meninas, a festinha rolou com dois aparelhos de som: um tocando música e outro sintonizado nas notícias.

Só no quinto dia depois do atentado nos sentimos mais seguros para ir ao Central Park. Todos os americanos estavam de luto, com a cabeça baixa, e não entendíamos bem o tamanho da tragédia. Para nós, o World Trade Center era apenas um prédio qualquer, sem significado especial. Quando nos demos conta de que o atentado podia não ser um fato isolado, aquilo mexeu com a gente. E, talvez por medo, um a um os modelos começaram a voltar ao Brasil. Imediatamente decidi que não ia voltar. Eu só conseguia pensar: "Essa é a oportunidade da minha vida, pagaram pra eu vir pra cá e vou desistir agora? O mundo continua, a vida segue e eu vou ficar aqui". E, coincidência ou não, foi aí que as coisas começaram a acontecer.

Primeiro, tive a chance de participar de um desfile da Calvin Klein. Depois, conheci o Bruce Weber, que é um dos principais fotógrafos de moda do mundo. No teste, achei estranho que ele usou uma câmera Polaroid. Não tinha ideia de que aquele era um dos caras mais famosos da moda. Ele gostou tanto da sessão que pediu para repetir. Uns dias depois, o booker ligou lá em casa (ele me chamava de "Fifi", e eu odiava): "Fifi, você pegou o trabalho da Abercrombie & Fitch".

Na época, a Abercrombie & Fitch era o que havia de mais incrível para um modelo masculino. Fazer campanha para a marca significava quase virar integrante de boy band, porque as estudantes americanas usavam cadernos e sacolas da Abercrombie estampados com fotos dos modelos. Isso significava que eu ia aparecer.

"Legal, eu topo. Quanto?"

"Três mil e quinhentos dólares", ele respondeu.

"Bacana."

Fui fazer as fotos em Savannah, que é a cidade mais antiga da Georgia, no sudeste dos Estados Unidos. Além de mim, havia mais uns dez modelos, e o tema, coincidência ou não, era... futebol (o nosso mesmo, não o americano). E o que o Bruce Weber fez? Posicionou todo mundo com uniformes de futebol em um gramado, pôs uma música pesada do Rage Against the Machine para tocar bem alto e liberou a bola para a galera.

Imagine um monte de moleques jogando futebol durante uma hora e meia. As roupas ficaram sujas e chegamos a esquecer o que estávamos fazendo ali. O Weber deixou todo mundo meio cansado e só então começou a clicar. Sem pose, senão não ficaria legal. O cara é um mestre. Para mim, foi a maior brincadeira, mas resultou nas fotos mais iradas da minha vida.

Foram três dias de trabalho. Durante a noite, saía com os outros modelos, e as meninas davam mole, mas eu não falava um "a" de inglês, ficava isolado no meio da conversa. E eu ainda era muito tímido. Quando sugeriram que fôssemos jantar todos juntos na última noite, eu estava quebrado. Achei que era um convite, mas não: cada um ia bancar seu próprio jantar e pagar cinco dólares para atravessar uma balsa. Na hora, falei que tinha esquecido o dinheiro e alguém pagou a minha passagem.

No restaurante, ainda torci para alguém da produção bancar o jantar. Nada. "E agora?", pensei. Não falava inglês e não tinha dinheiro. Fingi que fui ao banheiro e de lá me mandei para o hotel. Não tinha nem os cinco dólares para atravessar a ponte de volta, uma vergonha. Dei a maior volta, passei por baixo da ponte e voltei para o hotel a pé. Eu estava nos Estados Unidos, fazendo a campanha da Abercrombie, mas só receberia o cachê um tempo depois. Então, continuava completamente duro. Fiquei sem graça pela situação, porém aquilo tudo me divertia demais.

Assim que voltei para Nova York, o Bruce Weber ligou de novo para a agência e me selecionou para fazer um teste para uma campanha da Polo Ralph Lauren. Os finalistas foram um modelo alemão bem alto e eu. Como uma das fotos pegava o braço, acabei não sendo escolhido porque já tinha algumas tatuagens. Mas pelo menos eu sabia que o Weber tinha se amarrado na minha.

Quando chegou novembro, os outros brasileiros já tinham ido embora e eu sobrei no apartamento, sozinho naquele puta frio de inverno. Quando fui à agência receber meus pagamentos, descobri que não ganharia por nenhum trabalho, nem pelo da Abercrombie. A agência havia falido, e tomei o maior calote. Voltei para o Brasil mais uma vez com uma mão na frente e outra atrás. Minha mãe também estava em uma situação financeira bem apertada, praticamente zerada. Para o café da manhã, a gente comprava uns pãezinhos e só. Eu queria recomeçar, mas não sabia como. Pretendia continuar a treinar boxe na Godói-Macaco, só que, de tão duro que estava, não tinha mais como pagar. Foi quando comecei a treinar de graça no Ginásio do Ibirapuera com o seu Antonio Carollo, um dos nomes mais respeitados do boxe brasileiro, com cinco Olimpíadas nas costas. Eu não tinha dinheiro nem para pegar o ônibus, então ia e voltava do treino a pé. Até queria seguir com os trabalhos de modelo, mas já era dezembro e o mercado estava parado.

O que me restava? Treinar boxe, correr no parque e pensar no que fazer. E foi num desses dias que a minha vida virou de ponta-cabeça. De novo.

BBB

Todo dia eu saía da rua do Rocio, na Vila Olímpia, onde morava com a minha mãe, ia até o Parque Ibirapuera e dava várias voltas correndo. Depois seguia para o ginásio, onde praticava boxe de graça. Quando acabava o treino, fazia o caminho inverso: corria de volta para casa, com a mochilinha nas costas e o olho todo roxo.

Numa dessas tardes, dei uma parada no seu Otávio, um vendedor ambulante do parque com quem eu tinha conta. Sempre que eu estava sem dinheiro, ele me deixava pagar depois (nessa época, minha dívida com o Otávio não era pequena). E eu estava lá, bebendo alguma coisa, quando um cara que eu nunca tinha visto me abordou sem cerimônia e me convidou para participar de um novo programa de televisão.

Eu sabia do que ele estava falando. Os comerciais do primeiro *Big Brother Brasil* já estavam rolando quando voltei de Nova York. Minha mãe chegou até a me mostrar quem estava no elenco, porque sabia que uma das participantes, a Leka, era minha amiga. Lembrei disso quando o cara repetiu a pergunta: "Você não quer participar desse novo programa?". Na hora, pensei que fosse conversa fiada. "Pega o meu cartão e me liga para marcar de ir lá na Globo", ele disse.

Cheguei em casa e fui contar para a minha mãe: "Um cara me chamou para participar desse programa que está rolando na TV, mas acho que ele estava me paquerando". Em vez de me desencorajar, ela me aconselhou a pesquisar mais. Eu lembrei que o prêmio era de 500 mil reais, e nós precisávamos muito de dinheiro. Liguei e marquei de ir à Globo.

No dia seguinte, cheguei lá às onze da manhã para fazer o teste. Ligaram uma câmera na minha frente e perguntaram: "O que você faz? Só não fala que é modelo, porque, se tiver alguma relação com televisão, é capaz que não te aceitem no programa". Respondi que fazia faculdade de educação física — o que era verdade, eu havia começado as aulas nas Faculdades Metropolitanas Unidas (FMU) no intervalo entre San Diego e Nova York e tranquei para viajar. Falei também que praticava boxe, para lutar e competir pra valer. Meu olho roxo permanente era uma prova disso.

Depois do primeiro teste, a resposta veio rápido. Em quatro dias, o mesmo cara me ligou para dizer que fui pré-aprovado e que deveria ir para o Rio de Janeiro. Antes, fiz uma reunião rápida na agência Ford, à qual eu estava ligado na época e que tinha me arrumado alguns trabalhos. Eu havia sido pré-selecionado para fazer um comercial com a Deborah Secco, além de um ensaio para um site bem-conceituado de fotos de modelos chamado

The Boy, do portal de notícias Terra. Na agência, contei sobre o *BBB*: "Fui convidado. Participo ou não desse programa?". A resposta foi mais simples do que eu pensava: "Tá precisando de dinheiro? Então cai pra dentro".
Eu nunca tinha ido ao Rio depois de adulto. Fui muito novo com o meu pai, mas não me lembrava de nada. A Globo me enviou uma passagem de avião e, chegando lá, fui levado para um hotel em Ipanema, na rua Farme de Amoedo, onde a emissora realizava os processos de seleção. Minha entrevista estava marcada para as três da tarde. Esperei uma, duas, três horas e nada. Cansado, pus a sunga e fui correr na praia. Quando voltei, às sete e meia, todo suadão, é claro que estavam doidos me procurando. Falei: "Pô, vocês marcaram às três da tarde e já são sete e meia". Devem ter pensado: "Esse cara tem personalidade!". E isso acabou me ajudando.

Na verdade, eu não estava muito preocupado com quem era quem ou coisa parecida. Não tinha ido atrás deles — foram eles que me chamaram para tentar participar. Sempre fui chato com esse negócio de horário. Se na escola eu atrasava de propósito, na vida profissional gostava de ser certinho. Era muito disciplinado.

Quatro horas e meia depois do horário combinado, fui enfim colocado diante do Boninho, o diretor do programa. Ele quis saber o que eu fazia da vida, e contei sobre o boxe e a faculdade, mas não mencionei que tinha trabalhado como modelo. Acabei entrando no programa sem ninguém saber disso.

Nos outros dias, fiz vários testes com psicólogos no centro da cidade. Era um grupo de oito pessoas, mais ou menos, incluindo o Rodrigo "Caubói", que acabou ganhando aquela edição. Eu me lembro até de ter zoado o cara por usar aquele chapéu no centro do Rio de Janeiro: "Olha o Crocodilo Dundee", brinquei, fazendo referência ao personagem daquela comédia popular com uma espécie de caubói australiano.

Já em São Paulo, três dias depois, a produção do programa me ligou querendo marcar filmagens para "entender como era o meu dia a dia". Perguntaram onde poderia ser, e é claro que sugeri o Parque Ibirapuera. Pediram para eu me apresentar para a câmera: "Faço faculdade de educação física e luto boxe". Então, disseram para eu correr. Quando voltei, me entregaram um envelope. Abri e li diante da câmera: "Você está no programa *Big Brother Brasil*". Comemorei, mas de boa, sem fazer muito alarde. Com a câmera ainda ligada, me falaram para voltar para casa e arrumar a mala.

E parti de novo para o Rio de Janeiro, dessa vez por um bom tempo. Fomos levados para um hotel em Copacabana por quatro dias e ficamos confinados, proibidos de sair e sem acesso a telefone, rádio ou televisão. Porém, da minha janela eu conseguia ver uma TV de um prédio em frente. Fiquei chocado quando reconheci de longe aquele cara na tela, de luvas e treinando boxe. "Não acredito, sou eu!" Era a minha imagem na televisão, e eu ainda não tinha nem assinado o contrato! Foi aí que comecei a entender melhor onde estava me metendo...

Eu só podia ter contato com o segurança que vigiava a porta na hora em que ele entregava as refeições. Acabamos nos dando bem e pedi, quase implorando, para que ele desse um jeito de eu escutar música para passar o tempo, porque não aguentava mais aquele silêncio. "Vou te arrumar um radinho, mas não conta pra ninguém." Ele me trouxe um modelo desses de camelô, que foi o único som que pude ouvir ali. Passei os outros dias ouvindo música, treinando e fazendo flexões no quarto. Até que a loucura começou.

Entrei no programa em 14 de maio de 2002, com outras onze pessoas. Como muita gente sabe, fiquei apenas três semanas — fui o terceiro eliminado. Não quero falar muito sobre o que vivi dentro da casa, porque tudo foi exibido exaustivamente na época e não tenho nada a acrescentar. O que acho mais legal é refletir sobre o quanto o programa era diferente naquela época. As pessoas não tinham a menor noção do que estava acontecendo nem tinham ideia das consequências. Você esquecia que havia câmeras em todo lugar. Claro, sabia que estava sendo observado, mas não procurava saber como. Acabava agindo naturalmente, porque ninguém estava acostumado àquela ideia. Era a segunda edição do programa, e não dava para saber o tamanho que aquilo poderia ter.

Hoje em dia, quem entra na casa do *BBB* sabe qual é o alcance do programa. Os participantes estão espertos, sabem onde ficam as câmeras e não esquecem como tudo aquilo funciona. Apesar de confinados, eles têm noção de que o Brasil inteiro está assistindo a tudo o tempo todo. Na época em que participei, a internet era diferente, muito menos gente tinha computador e celular — e a conexão não chegava a todo lugar. Consequentemente, ninguém lá dentro sabia o que aquilo significaria quando tudo acabasse.

Fui eliminado em 4 de junho e, na manhã seguinte, fui correr na praia, como se nada tivesse acontecido. Comecei a estranhar quando um monte de gente desconhecida começou a me parar e a falar comigo. "Que porra é essa?", pensei. Mas, quando passou o caminhão de lixo e o gari acenou e gritou "E aí, Fernando!", comecei a me dar conta de que as coisas tinham mudado.

De repente, o mundo todo me procurava.

SOBREVIVENDO À FAMA

Saí do programa em meio àquele turbilhão de emoções e resolvi que continuaria morando no Rio de Janeiro. Avisei minha mãe e ficou decidido. Eu precisava organizar a vida dali em diante, então comecei a trabalhar com um empresário, o Márcio Lima. Também não demorei a receber por presença em eventos, como festas, desfiles etc. No mundo da TV e das celebridades, essas presenças remuneradas se chamam "jabá". Fiz vários trabalhos desses pelo Brasil. Cheguei até a ir a um baile de debutante! No início, era só para dançar com as filhas do contratante, mas acabei dançando com umas quarenta meninas. Quando estava para ir embora, as mães, que já tinham bebido um pouco, queriam me agarrar, não me deixavam sair. Na hora, pensei: "Nunca mais faço um negócio desses".

Também foi por influência desse empresário que tentei entrar pra valer no mundo artístico. Com tanta coisa nova acontecendo na minha vida, foi fácil me convencer: "Você já trabalha como modelo, sabe lidar com televisão, por que não tenta atuar?", ele sugeriu. Concordei, é claro.

O caminho natural foi fazer teatro. Participei de uma peça pequena logo que saí do programa e, um mês depois, entrei no elenco de O Ateneu, uma grande montagem que, no passado, havia lançado atores como Selton Mello e Marcelo Serrado. Aquela seria a terceira versão da peça, dessa vez com direção de Leonardo Brício, Gaspar Filho e André Matos — os três tinham atuado nas anteriores. O Márcio era muito amigo de uma pessoa da escola de teatro O Tablado, a mais tradicional do Rio, e me incentivou: "Vai lá tentar. Você pega um personagem pequeno e experimenta esse mundo para ver se te interessa".

Aquela montagem de O Ateneu era supermovimentada. Eram 42 atores, e todas as cenas se passavam num cenário só de bancos de madeira, iguais aos de colégio. Tudo funcionava em sincronia: os atores que não estavam na cena faziam o trabalho de reorganização de cenário com os bancos e logo saíam. Algumas cenas envolviam esgrima, e eu ganhei certo destaque por causa da minha facilidade para esportes — não por ser um bom ator, coisa que eu não era mesmo. Ainda era tímido demais e tinha medo de atuar pra valer. Se até trabalhando como modelo e encenando em comerciais eu era travado, imagine em um palco com uma plateia assistindo!

Foi um período fundamental, em que pude viver a rotina do teatro e a experiência da apresentação ao vivo, além de me sentir produtivo naquele momento pós-programa. Dividi apartamento com dois atores da peça e passei seis meses ensaiando no Teatro Villa-Lobos, em Copacabana. Os 42 atores corriam juntos na praia para fortalecer o espírito de grupo e criar unidade entre nós. Também fizemos treinos coletivos de reflexo e esgrima. O legal é que vários caras do elenco continuaram a trabalhar na televisão e no cinema, como o Thiago Mendonça, o Eduardo Pires e tantos outros. Anos depois, comecei a reconhecer as pessoas na TV: "Esse cara fez *O Ateneu* comigo, esse também...". Muita gente boa começou lá.

Durante essa época, eu podia ter ganhado muito dinheiro participando de mais eventos ou mesmo de desfiles e ensaios de moda, já que estava bem em alta. Mas não pensava em nada disso: estava focado e queria levar o teatro a sério. Achava que nada seria tão importante quanto aquele momento de autoconhecimento.

Porém, eu logo sentiria na pele que a vida de artista não é nada fácil, ainda mais para mim, que não tinha experiência nem facilidade para o ofício. Depois da peça, cheguei a fazer testes para outros papéis, mas nenhum deu muito certo — o que não me impediu de continuar investindo em cursos de atuação, como o do Daniel Herz, em Ipanema. A verdade é que, no fundo, eu não me identificava com aquilo tudo. A insegurança era constante, e isso mexeu com minha autoconfiança.

Depois de ficar por um bom tempo como um peixe fora d'água em uma área que não era a minha, comecei a me sentir muito desnorteado e confuso. Estava perdendo aquela firmeza de esportista que eu tinha, de fazer o que quer como bem entender. Naquele momento, o que eu queria da vida? Não sabia.

Mas não dava para ficar parado; precisava tentar alguma coisa. Já que a minha imagem ainda era relacionada ao mundo da moda, havia esse mercado à disposição — felizmente, não precisava depender só de jabá por ser ex-Big Brother. Como estava desistindo de ser ator, voltei a aceitar convites para desfiles, que sempre apareciam, porque o pessoal do meio ainda se lembrava de mim.

O que não me faltou no Rio de Janeiro foi trabalho. Com o valor do dólar ainda baixo, muitas produtoras estrangeiras vinham gravar no Brasil. E, como eu representava o "perfil do brasileiro", fiz vários comerciais exibidos lá fora. Fiquei anos vivendo disso, levando a vida como modelo e aproveitando as facilidades que esse mundo tinha a oferecer. Antes do BBB, eu morava com a minha mãe em um bairro nobre de São Paulo, a Vila Olímpia, mas não tinha dinheiro algum. Dois anos depois do programa, eu já tinha conseguido alugar sozinho um apartamento no Rio, comprar um carro e uma moto.

Havia também o fato de que, naquele tempo, ser ex-BBB não era uma coisa tão pejorativa — era legal, até. Eu tinha acabado de sair do programa, então muita gente me procurava. E eu não passava de um molecão perdido, meio chocado por não conseguir andar tranquilo numa festa porque ficava cercado de gente querendo chegar perto, encostar, tirar foto. Quando fazia desfile, as pessoas queriam me agarrar e rasgar minha roupa no final. Isso tudo mexia muito com a minha cabeça. Era como ser galã da novela das oito, e eu aproveitei do jeito que pude e quis.

O engraçado é que o mundo da moda era ambíguo: havia tanto o glamour quanto o trabalho duro. Exemplo disso é uma festa a que eu fui do estilista italiano Roberto Cavalli, em Nova York, apesar de não ter um real na conta do banco. Mas estava bebendo e convivendo com a alta roda! No entanto, eu achava que não seria dependente desse glamour. Sempre fui o tipo de cara que sente prazer tanto na festa chique com os famosos como no samba do bar com os amigos. Por isso, hoje vejo que a maior falha na época foi não ter pensado nos efeitos que aquela rotina teria em mim.

Eu poderia ter aproveitado a situação favorável para fazer o que quisesse, como dar uma oportunidade ao esporte, por exemplo. Só que decidi ir pelo caminho mais fácil, o de ser celebridade e frequentar festas, e acabei me deixando levar por essa onda. Eu não percebia, mas naquele momento ninguém queria saber quem eu era de verdade; as pessoas queriam saber do cara do *Big Brother*, do modelo bonitão. Nas conversas, as pessoas só me perguntavam bobagens. Eu parecia confiante, o dono do momento, porém, na verdade, sentia medo de tudo. Tímido como sempre fui, de repente sentia a pressão daquele novo mundo sobre mim.

Teve uma época em que passei a me sentir perseguido. Sempre que saía de casa, não parava de olhar para os lados, achando que havia alguém me observando de longe. Na maioria das vezes, havia mesmo, e isso me aterrorizava e me fazia agir de maneira errada. A questão da invasão de privacidade sempre estava em pauta por conta dos paparazzi e dos sites de fofocas, que se multiplicavam. Foi um momento de "boom", então qualquer bobagem virava notícia. Durante meu namoro com a Dani Winits, sempre que saíamos para jantar ou ir ao cinema aparecia um fotógrafo no nosso caminho. Era muito assédio. Resolvemos nos separar em grande parte porque eu sentia que aquele mundo não era para mim. O Rio pode ser muito sufocante nesse sentido.

Durante uns três anos, consegui lidar mais ou menos com essa rotina louca. Mas, o que no início era legal, uma curtição, passou a deixar um vazio. Eu era um cara ligado ao esporte, com muito a fazer, e tinha me tornado uma pessoa superficial. Ninguém queria saber o que eu pensava ou fazia de bom, só ligavam para o que não tinha importância. Isso também começou a pesar. Fiquei meio revoltado com a situação.

Eu ainda ganhava dinheiro, mas chegou um ponto em que já não era tanto assim. Rodava o Brasil inteiro e fazia de tudo, só que as oportunidades foram diminuindo. Os trabalhos para marcas estrangeiras, que costumavam ser muitos, quase pararam. O dólar perdeu o valor e as empresas estrangeiras deixaram de vir para cá. Ao mesmo tempo, eu me sentia inseguro e não sabia mais o que estava fazendo. Morria de medo de tomar decisões e de tentar qualquer outra coisa — como voltar para os esportes, por exemplo. Além disso, temia retomar aquela vida dura de antes.

Não foram poucas as vezes em que pensei: "Se voltasse para o esporte, o que ganharia?". A resposta era pessimista: "Porra nenhuma". Teria de mudar de foco, retomar a faculdade de educação física e começar tudo outra vez...

Eu não estava disposto a tanto esforço. Então, durante aproximadamente cinco anos, eu tive medo de dar um passo para trás para reencontrar um sentido na vida.

Só hoje percebo o quanto estava perdido. Morava no Rio de Janeiro, em um ambiente ainda desconhecido e onde eu não me sentia seguro, e tomei um rumo questionável. Comecei a me isolar, e o único jeito de lidar com a timidez, como muita gente faz, era sair à noite para a farra. Eu ia para festas e bebia para dar aquela relaxada. Isso não acontecia diariamente, mas, quando rolava, era sério. Pensava: "Só consigo ficar nessa festa se beber!". E enchia a cara; não queria nem saber. Eu estava revoltado, queria que tudo explodisse. Sentia que precisava fugir da minha realidade, e esse era um jeito fácil.

Por conta disso, obviamente, fiz besteira para caramba. No fundo eu estava tentando me reencontrar, mas acabei me envolvendo em confusões que não ajudavam em nada a melhorar minha situação. Foi uma fase nebulosa da qual tenho poucas lembranças claras... Bom, paciência. Onde eu errei, errei. Foi parte de um momento em que eu estava infeliz e perdido — não que isso justifique. Eu era só o "cara da televisão", o sujeito que participou do programa ("olha o *BBB* aí..."). Isso abria portas, e acho que passei do limite com esse "poder". Eu queria ser levado a sério e, ao mesmo tempo, não fazia por merecer.

Depois de quatro anos no Rio de Janeiro, cheguei à conclusão de que a cidade não tinha mais nada a oferecer. Eu precisava buscar um caminho diferente. Decidi voltar para São Paulo e retomar os estudos. Estava disposto a mudar de vida.

Só que logo percebi o quanto isso também seria difícil, porque São Paulo é uma cidade noturna, cheia de tentações. Tentei fazer faculdade de educação física no período da manhã para ter um compromisso com horários, mas, por ser conhecido, a experiência não foi muito agradável. Eu continuava com a síndrome do "estão me olhando" e não conseguia relaxar em público. Retomei os treinos de boxe como uma forma de tornar minha vida mais regrada. Mas não conseguia, continuava a sair à noite e exagerar. Eu pensava que estava no caminho de me reencontrar, mas, na verdade, continuava cercado de pessoas tóxicas, que só se aproveitavam da minha condição de "famoso". As pessoas queriam estar próximas do Fernando do *Big Brother*, não do Nando. Qual dos dois eu era mesmo?

Eu não sabia lidar com a fama, só queria retomar as coisas simples, o anonimato. Se eu tivesse a mesma estrutura emocional de hoje, teria conseguido conciliar tudo e viver tranquilo no meu mundinho. Mas, naquele momento, não sabia como fazer. Não passava de um moleque. Era muita coisa para um cara de vinte e poucos anos segurar.

NU

No começo de 2008, eu sentia que as coisas estavam começando a entrar nos eixos. Estava bem fisicamente, voltando aos poucos a ser atleta de novo, redescobrindo objetivos. Decidi encarar o boxe seriamente, como competição. Era janeiro e eu estava de volta ao Rio, passando dois meses na casa de uma amiga. Aconteceu tudo de repente, no meio da praia lotada. Estava me preparando para ir embora, amarrando o cadarço do tênis, quando um amigo apontou: "Olha o Mario Testino ali". Eu sabia vagamente que era um fotógrafo de moda muito famoso, mas não o reconheceria se não tivessem me mostrado quem era. Notei que ele estava me olhando, até que chegou perto e disparou: "Você é modelo?". Respondi que sim. E ele: "Você sabe quem eu sou?". Disse que não, porque queria ver o que ele tinha a dizer. "Sou o Mario Testino, fotógrafo de moda. Você não quer fazer um ensaio comigo? Pega meu telefone e me liga pra marcar um teste".

Foi uma conversa muito rápida, no meio da praia de Ipanema. O Testino me deu o número de telefone dele e anotou o meu. Fui para casa como se aquilo fosse a coisa mais normal. Meu amigo não se conformou: "Que é isso, moleque! Vai lá fotografar com ele!". Decidi que não deveria ligar. Mais uma vez pensei que poderia ser um daqueles caras que só estavam de gracinha comigo — o que é bastante comum no meio da moda.

Depois de um ou dois dias, comecei a ficar tenso. Não sabia o que fazer, com a cabeça a mil. Ligo ou não ligo? Decidi não ligar. Minha amiga insistiu para que eu arriscasse, mas resolvi não dar bola para aquilo. No terceiro dia, o telefone tocou — era o próprio Mario Testino. "Oi, Fernando, tudo bem? Não está querendo trabalhar? Por que não me ligou?"

Gaguejando, respondi que tive de voltar para São Paulo ou alguma outra desculpa bem esfarrapada. Ele deve ter notado e insistiu: "Faz o seguinte, vem aqui no Hotel Fasano (em Ipanema) amanhã às cinco horas da tarde que quero fazer um teste com você". Beleza, respondi, sem parecer empolgado — e eu não estava muito mesmo.

Passei o dia seguinte inteiro na praia, jogando "altinha" sem pensar em nada. No fim da tarde, vesti a bermuda por cima da sunga, camiseta regata, chinelos e fui para o hotel, de mochilinha nas costas, todo salgado e com o pé cheio de areia. Chegando lá, pediram para eu subir para o quarto onde estavam o Testino e um produtor. Para quebrar o gelo, ele começou a perguntar se já tinha trabalhado com moda. Contei sobre o que havia feito, citei as fotos com o Bruce Weber, mas deixei claro que tinha parado e que não dava mais tanto valor para tudo aquilo. "Legal, então posso fazer umas fotos suas?", perguntou, pegando uma maquininha quadrada que mais parecia de brinquedo. Dei risada, achando que era piada, mas ele começou a clicar sem parar. Pá, pá, pá. O Testino seguiu dirigindo e fotografando. "Pode tirar a camisa? Vamos ali na varanda." O produtor dele estava sentado, olhando, e só saiu para atender o telefone. Fiquei debruçado na beirada da varanda e ele continuou com as fotos. "Está de sunga?" Tirei a bermuda na hora sem nenhum problema — quem trabalha no meio sabe que isso é normal. Daí ele perguntou: "Você já fez foto nu?". Respondi que sim, sem entrar em detalhes. A verdade é que eu já tinha feito fotos desse tipo para o meu book, mas fazia muito tempo, quando eu tinha uns dezoito anos. E não foi nu frontal — estava pelado, mas de lado. Também tinha feito um editorial para uma revista, também posando de lado, sem mostrar muito.

"Você se importa? Tem vergonha?", ele perguntou. Não sei se o que senti na hora foi excesso de confiança ou se simplesmente parei de me importar com tudo. Só sei que baixei a sunga e me deixei fotografar. Fiquei "frontalzão".

No final da sessão, o Testino me perguntou se eu autorizaria a publicação da foto. Concordei, e ele já foi me entregando um termo para assinar. Foi quando entendi para o que era tudo aquilo: um ensaio para a revista *Vogue* da Alemanha. Eu não sabia na hora, mas aquele seria o primeiro nu frontal da história da revista no mundo e acabou ganhando um monte de prêmios na Europa, talvez por parecer totalmente natural — o que era verdade. Anos depois, essa foto se tornou uma das imagens mais comentadas de um livro famoso dele, *MaRIO DE JANEIRO Testino*.

Mas as consequências desse dia surreal não pararam por aí — e elas seriam muito maiores do que eu jamais poderia sonhar.

PERFUME DE MULHER

Depois que saí do *BBB*, comecei a jogar futebol com outros atores — uma das coisas interessantes que surgiram dali. Viajava para todos os lugares para disputar partidas beneficentes. Cheguei a ir para a Rússia duas vezes para participar do Art-Football, a "Copa do Mundo dos Artistas", um torneio beneficente que reúne atores e músicos do mundo todo. Aliás, a segunda viagem para a Rússia aconteceu alguns meses depois da sessão de fotos com o Mario Testino no Rio de Janeiro.

No penúltimo dia do campeonato, pedi um computador emprestado para checar meu e-mail, o que não tinha feito nos últimos dias — naquela época eu não era muito ligado nessas coisas. Tomei um susto: Mario Testino, Mario Testino, Mario Testino, Mario Testino... Tinha doze mensagens do cara. "Fernando, preciso falar com você...", "Fernando, você foi selecionado para um trabalho e preciso falar com você...", "Fernando, estou tentando falar com você e não consigo...". O 12º e-mail finalmente esclareceu a situação:

"Fernando, se você não me responder hoje, vai perder o trabalho. Me ligue urgente! Você pegou a campanha da Dolce & Gabbana!". O trabalho seria para dali a uma semana. E eu lá na Rússia!

Imaginei que tinha sido escolhido por causa daquele ensaio, mas não tive dúvidas de que seria figurante. O Testino explicou: "É uma campanha de perfume. São três homens e três mulheres: Naomi Campbell, Eva Herzigová e Claudia Schiffer, você e mais dois outros modelos". Imaginei: vou fazer figuração para as meninas! Aceitei na hora quando soube qual era o valor do cachê. Não que eu tivesse muita escolha — naquele momento, eu já estava quase zerado de dinheiro.

Voltei ao Brasil ligando para a agência de modelos, desesperado. Em uma semana, estava a caminho da França, ainda sem saber o que iria acontecer. Quando cheguei ao estúdio, em Paris, não acreditei quando vi que havia um camarim para cada um. Foi só quando me deram um roupão branco com o nome "Fernando" nas costas que comecei a entender. Meu papel na campanha era de protagonista: eu seria um dos três "perfumes" que acompanharia cada top model.

No Brasil, as pessoas não acreditavam, nem os caras da agência. "Ninguém sabe quem você é." "Como você vai fazer campanha com essas três?" "Você com a Naomi?" O ensaio ia começar logo e eu não sabia bem como agir, estava com receio. Tímido, cumprimentei um ou outro, sem saber se devia ou não conversar com as modelos. Cada um ficava na sua. Elas eram pop stars, então eu imaginava que não deveria chegar perto. A Eva Herzigová, que seria meu par na foto, foi supereducada. Começamos a fazer as fotos e rolou a maior sintonia entre nós. Estava amarradão, conversava numa boa. Isso foi no primeiro dos quatro dias de fotos. No segundo dia, cheguei lá e de novo não sabia se cumprimentava as meninas ou não. Passei por todo mundo e fiquei na minha. Nisso, veio a Eva: "E aí, não vai falar comigo?". E eu: "Pô, desculpe, você estava de costas". Ela foi muito simpática. Rolou a maior conexão entre todos os modelos, o Testino e a equipe de produção durante o trabalho. Em algumas fotos eu estava totalmente sem roupa, em outras, de cueca. As fotos pegavam da cintura para cima. Acho que o Testino pensou: "Se esse cara fez foto nu na hora em que eu pedi, não vai ter vergonha de ficar pelado na frente das top models". Aquele tinha sido meu teste. Posei tranquilão para as fotos, mas meu papel como "perfume" era ficar grudado na Eva...

Fiz as fotos, e, como é de praxe nesses trabalhos de moda, eu teria de esperar a proximidade do lançamento da campanha para enfim receber o cachê. Além disso, não podia fazer nenhum outro trabalho semelhante, porque tinha assinado um contrato de exclusividade com a Dolce & Gabbana. Ou seja, ficaria um ano "na geladeira", sem poder representar qualquer outra marca, e só receberia o pagamento depois de muitos meses.

Passei esse ano de espera me preparando para outros trabalhos, treinando para ficar no físico ideal, comendo pouco. Fui falar com o pessoal da agência, porque decidi que precisava ir para algum lugar. Pedi para me mandarem para um "mercado B". A China surgiu como opção, mas desisti quando fui tirar o visto, que era muito complicado. Foi quando meu amigo Gabriel me ligou da Grécia: "Meu, vem pra cá, tem apartamento pra você, tem tudo". Achei que a Grécia fosse um mercado B, então qualquer trabalho que eu fizesse localmente não repercutiria fora de lá. Se estivesse no Brasil, seria muito mais fácil descobrirem. Então fui viajar de novo, para modelar na Grécia. Fiquei em Atenas por dois meses, mas acabei não fazendo muita coisa. Em maio, só me restou voltar para o Brasil, sem nada.

Eu continuava naquela seca, mas olhando para o futuro próximo. Ansioso, treinando obstinadamente para me manter em forma e esperando a campanha da Dolce & Gabbana enfim estrear. Até que, em um desses longos e entediantes dias de espera, o acidente aconteceu — e o mundo que eu havia construído para mim começou a desabar.

PARTE 2
DIÁRIO DE UM RESILIENTE
(2009-10)

Os trechos a seguir fazem parte do diário que comecei a escrever três semanas depois do acidente, que aconteceu no dia 3 de julho de 2009.

FERNANDO FERNANDES DE PÁDUA
28 ANOS

T12
LESÃO INCOMPLETA
DIAGNÓSTICO ABERTO

25 DE JULHO DE 2009

Após 21 dias de hospital, resolvi pegar este caderno e expor meus sentimentos no papel, depois de dias de dores e muita paciência e força. Uma força vinda de dentro, uma vontade de viver imensa. Hoje, 21 dias depois, sinto que minha fé começou a aflorar. Recebi carinho tanto dos amigos como de pessoas que nunca havia visto na vida. Cheguei a uma conclusão, mas acho que sempre acreditei nisto: *one love*, um só amor — a força que vem de um mesmo lugar.

Sempre dizemos que é na hora da dor que O chamamos, mas acredito que sempre fui um guerreiro do bem, apesar dos erros. Tento acordar e viver um dia de cada vez: dias de dores, muitas dores, e de felicidade. E assim vivo cada dia de batalha. Se todos acreditam tanto na minha recuperação, porque sempre me viram como um lutador, como vou fraquejar? Tenho que lutar por mim e pelas pessoas que estão à minha volta.

Eu me vejo cada vez mais como um exemplo para o meu irmão, Lucas, e quero poder viver grandes momentos com ele.

Sei que haverá dias de fraqueza, quando será uma batalha para acordar, mas tenho certeza de que, no fundo e no fim, terei dado TUDO de mim.

Já não estou mais tomando 25 comprimidos por dia. Quero eliminar a química do corpo e aumentar a fisioterapia, que vai ser meu grande prazer diário. Antes eu acordava para os treinos. Meu vício mudou. Passei a sentir uma admiração enorme pelos profissionais de saúde, médicos, enfermeiros e fisioterapeutas. Os diferentes prazeres de um médico ao "consertar" um ser humano. A garra e os cuidados de um enfermeiro, que às vezes tem dois ou três empregos em hospitais diferentes. E a satisfação do fisioterapeuta, figura com a qual eu me identifico muito, pela reabilitação.

Acho que nasci para ser cigano, pois essa vida sempre me reservou surpresas de todos os tamanhos. Já fui do luxo ao lixo, da dor à alegria, da felicidade à tristeza, e assim vou levando, com muita vontade de viver. Nunca imaginei que me encontraria nesta situação de dor e incerteza, mas acho que abusei da sorte, e, dessa vez, a brincadeira foi longe demais. Às vezes me pergunto: será que isso foi um puxão de orelha? Será que já passou da hora de mudar? Bom, só vou saber no fim da minha história. Mas a cada dia tento melhorar e ser uma pessoa de valores bons. Às vezes me pego num canto remoendo meus tropeços, mas sempre buscando o melhor.

27 DE JULHO DE 2009

Essa noite não dormi. Passei horas escrevendo e ouvindo música, e a última palavra que pus no papel foi "será?". Depois de alguns cochilos, comecei a ver mensagens no celular.

Uma delas vinha de um garoto que eu não conhecia, que sofreu um acidente similar ao meu e hoje se encontra em condições ótimas. A mensagem dizia: "Fiquei muito feliz em vê-lo confiante. Quero ver você dar a volta por cima e mostrar sua força". Isso me deixou muito emocionado e contente, já que eu nunca tinha visto ele na vida.

Também comecei a ler o livro *A semente da vitória*, do Nuno Cobra, que, logo no primeiro parágrafo, mostra as incertezas do autor e a coragem que ele teve para superar seus medos de infância. Ele diz que, em certo momento, uma palavra não existia para ele: era justamente "será?".

Sinais pequenos como esse me fortalecem e me guiam. Sinto que estou encontrando a minha estrada.

Finalmente saí da cama para tomar meu primeiro banho no chuveiro. Nunca pensei que seria tão difícil. Quando me sentei, a cabeça começou a rodar e o suor aumentava. Quase cheguei a desmaiar, mas respirei fundo e fui retomando o ânimo aos poucos.

Com a ajuda da enfermeira, entrei embaixo do chuveiro e senti o poder da água nos meus ombros. Logo me veio à cabeça minha infância, quando minha mãe gritava: "Nando, vai tomar banho!!!". E eu, todo sujo do futebol, enrolava e enrolava. Hoje penso: Que menino bobo eu era, podia ter me esbaldado na água por um tempão. Mas é assim mesmo, perder para dar valor.

28 DE JULHO DE 2009

Hoje comecei o dia com muita força. Acordei com uma energia incrível, com disposição total para a fisioterapia. Fizemos um treino de manhã e, logo em seguida, os médicos, dr. David e dr. Marcelo, vieram para a visita diária. Disseram que estão muito satisfeitos com a minha disposição para a fisioterapia e que a minha recuperação é extraordinária. Depois que saíram do quarto, soube que tiveram uma conversa com a minha mãe: "Doutor, por favor, me responda com sinceridade: o Fernando tem alguma chance de voltar a andar?".

O dr. David respondeu: "Olha, dona Fernanda, eu queria dizer que seu filho tem uma energia incrível. E tem uma força tão grande que a gente não consegue explicar. Além disso, vocês estão de parabéns como família. Essa união é fundamental. Em relação às chances de voltar a andar, ele tem, sim, mas são pequenas".

Fiquei revoltado com a resposta. "Pequenas." Pequenas para eles, que vivem do racional e da ciência!

Para mim, as chances são enormes, imensas, infinitas. Porque eu tenho FORÇA, e essa força é o combustível que invade o meu corpo e que move a minha alma. Essa força se chama fé.

29 DE JULHO DE 2009

Quero simplesmente acordar e me ENTREGAR por inteiro. O carinho que recebo das pessoas é muito importante para acordar. Parece que fortaleço meus laços com a família e com os AMIGOS de verdade. Por falar em amizade, cada vez mais acho que perdi um amigo e ganhei um irmão. Aliás, mais um irmão, pois me orgulho cada vez mais do meu irmão de sangue, Lucas, e do meu irmão de alma, Dudu — ou se preferir, Carlinhos. Foram muitas as noites em que o Dudu saiu do trabalho e veio direto para o hospital. Ou que dormiu aqui e foi direto trabalhar.

Não imaginei que seria tão difícil fazer esses exercícios. Sinto que meu corpo está em uma prancha de surfe sobre uma piscina de gel. Sinto o meu tronco, os braços e a cintura, mas ainda não sinto as pernas. Mas percebo que a cada dia há um progresso, uma evolução. Coisas que talvez sejam pequenas aos olhos dos outros, mas que para mim são enormes. Tenho cada vez mais percepção do meu corpo; uma coisa inexplicável. Tento sempre unir corpo e mente. Preciso estar com meu corpo sempre pronto para receber novas informações e tento entender o que essas informações querem me dizer. Tento fazer com que minha mente tenha controle absoluto sobre o meu corpo e que compreenda suas necessidades. Os obstáculos surgem a todo momento — uma infecção urinária, feridas por falta de circulação nas pernas —, porém não deixo que eles se tornem barreiras, apenas pedras no caminho, para que no final eu possa construir meu castelo com cada uma delas.

30 DE JULHO DE 2009

Sinto que consigo contagiar as pessoas com o meu comportamento. E que, assim, criamos uma corrente de energia positiva para que eu atinja o meu objetivo, superando cada batalha.

Procuro não pensar em coisas ruins — para falar a verdade, sinto que realmente nenhum pensamento ruim passou pela minha cabeça. Mas quero visualizar meu corpo em pé, equilibrado pelas minhas pernas, e não apenas sentado.

É a certeza que você tem quando não se deixa levar pelo medo de errar ou pelo "não": não vai dar certo, não sei se me entrego, não sei se me arrisco. Acredite, se entregue, arrisque, seja mais você, seja autêntico. Não se deixe abalar pelas energias externas. Somente quando nos entregamos por inteiro conseguimos alcançar nossos objetivos.

Contagie a tudo e a todos para que isso se torne uma só força.

Você é o que você quer ser.

"Vá e vença."

6 DE AGOSTO DE 2009

Depois de cinco semanas hospitalizado, chegou a última noite. Para comemorar, pedi uma pizza, que o Dudu e eu acabamos de devorar.

Confesso que agora estou sentindo um desconforto no estômago. Achei mesmo que passaria essa última noite mais ansioso, já que finalmente vou voltar pro mundão lá fora depois desses longos dias no hospital.

A fisioterapia já está bem avançada. Essa semana repeti três vezes um exercício em que fico em pé sobre uma "prancha". Acabei desmaiando na primeira tentativa; não senti confiança nas pernas. Hoje já me sinto mais seguro e a vontade que tenho é de sair andando, mas sei que paciência é a palavra-chave deste momento.

Estou conseguindo controlar a minha ansiedade e viver o momento. Tento me superar a cada dia e não deixo que nada me abale. Me sinto mais centrado, determinado.

Amanhã vou encontrar meu velho companheiro. Aquele que me dá energia, que oxigena, que faz a "minha fotossíntese". O grande e poderoso sol, o sorriso de Deus.

Vou passar alguns dias em casa, aguardando o momento de ir a Brasília para continuar o tratamento. Obrigado a todos do Hospital São Paulo pelo carinho, pelos cuidados e pela força. Voltarei aqui para agradecer a cada um.

E voltarei de pé, de cabeça erguida, com o coração fortificado e a fé inabalada.

JÁ VOLTO.

7 DE AGOSTO DE 2009

Hoje voltei ao mundão depois dessa pequena jornada. Dias de dores, de superação. Reencontrei as ruas. Confesso que minha vontade era sair andando. Aliás, era sair correndo, ainda mais quando passei perto do meu querido Parque Ibirapuera. Senti uma saudade enorme dos meus dias de corrida. Dias de liberdade sob o sol.

Mas algo me dizia que ainda não era a hora.

Percebi que meus obstáculos tomaram uma proporção maior. Mas, por outro lado, também me sinto mais preparado para superá-los.

Fiquei muito emocionado ao deixar o hospital. Todos fizeram questão de se despedir de mim: enfermeiros, médicos, fisioterapeutas e, principalmente, um anjo que esteve ao meu lado em muitos momentos — Ângela, a enfermeira da tarde. Uma pessoa que morava muito longe do hospital, mas que sempre chegava com um sorriso no rosto, toda maquiada e feliz por mais um dia de trabalho.

Por sinal, meu respeito por essa profissão é imenso, pois essas pessoas dedicam a vida ao próximo. A sensação que eu tinha no meu quarto era de que ali estavam pessoas de bem, esperançosas e felizes. Senti que aos poucos eu conseguia contagiar todos ao me redor e não dava espaço para que nada nem ninguém interferisse de maneira negativa na minha recuperação.

Os bons sinais insistem em me perseguir. Sinto que, depois desses dias de fisioterapia intensa, meu corpo cobrou uma resposta. Aliás, minha mente cobrou. Bom, na verdade, não sei dizer quem está no controle nesse momento, mas sinto que eles estão entrando em sintonia novamente, e parece que minhas pernas estão dizendo ao meu cérebro que não vão aceitar a ideia de que não são mais responsáveis pela sustentação e pelo equilíbrio do corpo.

O tal formigamento parece estar cada vez mais forte. E a vibração e a força para atravessar a ponte que foi quebrada, mas não destruída, só aumentam.

Tudo o que os médicos poderiam ter feito foi feito. A parte "racional" está cuidada. Agora divido com Deus a tarefa de buscar o que chamo de irracional, o que a medicina não pode nos responder. Para eles, a medula sempre foi uma dúvida, uma incógnita!!!

Se você quebra um osso ou rompe um ligamento, sabemos que, colocando um pino ou religando o ligamento, é possível recuperá-lo. Mas, com a tal medula, não. Ela é a condutora dos impulsos nervosos para os membros do corpo. Se ela se rompe, não há como restabelecê-la.

No meu caso, ela foi machucada, mas não rompida totalmente, então, passamos a viver uma dúvida.

Se a ciência e a medicina ainda não encontraram uma solução para esse problema, só resta acreditar.

A força tem que vir de dentro. Se entregue, se doe, faça com que todos acreditem que você é capaz. Mas, antes de fazer os outros acreditarem, acredite você mesmo. A energia positiva pode ser contagiante e se multiplica quando você bloqueia a negatividade.

Tenha fé, busque aquilo que você acredita sem temer nada. Não tenha dúvidas dos seus sentimentos.

Agora é com você mesmo! Ninguém vai poder te dizer o que pensar.

Faça a sua parte, pois somente assim aquele em quem acreditamos poderá fazer a dele.

I BELIEVE.

Parece até estranho, mas meu companheiro resolveu aparecer junto comigo. No dia em que saí do hospital, lá estava ele, firme e forte. Parece até que estava me provocando, dizendo: "E aí, guerreiro? Você que sempre gostou do dia, sempre viveu para o esporte, não vai levantar? Não vem me ver, não?".

Aqui estou, sentado na cadeira na janela de casa, te desejando como nunca antes. Sol. Esse é o estímulo que me faz forte e não me deixa cair.

Não vou me render. Meu corpo não quer aceitar essa situação, muito menos minha cabeça.

Impossível não existe para mim. É isso que pretendo mostrar. Quero que todos vejam o poder que a mente tem sobre o corpo.

Agora não é hora de chorar. O passado não me interessa. Meu momento é o PRESENTE.

É hora de acordar, lutar, brigar, acreditar. Levanta a guarda, guerreiro, ergue a cabeça e continua sua luta.

Meu inimigo sou eu mesmo, tenho que batalhar contra as minhas fraquezas.

É só questão de tempo, tenho que dormir pronto para a guerra. Essa é a minha realidade agora.

9 DE AGOSTO DE 2009

O Dia dos Pais chegou e sei que não vai ser o melhor deles. Talvez para ele também não. Mas insisto em ver tudo com bons olhos e, dessa forma, consegui reunir toda a família. Sinto que meu pai não aguenta o tranco de me ver numa cadeira de rodas, está sendo muito difícil para ele. Afinal, sou o filho homem que gosta de esporte, que joga futebol com virilidade, que representa seu lado "macho". Talvez ele me visse como o filho que poderia estar ao seu lado com o passar dos anos, a pessoa em quem poderia confiar.

Mas eu não me vejo fraco, muito menos aceito o choro de parentes e amigos. Quero ao meu lado pessoas fortes e que acreditem na vida, mas, ao mesmo tempo, respeito os momentos de cada um. Tento reanimar de alguma forma quem precisa, tento mostrar que a vida é um desafio constante.

Quem esteve por aqui também foi o seu Divino, que é de fato uma pessoa divina. Parece que Deus colocou esse ser de alma iluminada na vida do meu pai. Ele apareceu com seu violão e me deu os primeiros toques para eu aprender a tocar. Nesse Dia dos Pais, puxamos várias canções, coisa que nunca tinha acontecido antes. Sentei ao lado do meu pai e cantamos músicas como "Brigas", do Altemar Dutra, "Nos bailes da vida", do Milton Nascimento, e outras que nos marcaram. Quando começamos a cantar, fiquei muito emocionado. Durante "Nos bailes da vida" — música que tenho gravada em fita cassete e que fez parte da minha infância —, minhas pernas começaram a formigar e uma sensação tomou conta do meu corpo. Não sei como explicar, mas foi algo muito forte. Parecia que eu estava flutuando, que levitava. Só quando passamos por momentos tão difíceis conseguimos dar valor às situações mais simples. Obrigado, Senhor, pelo dia de hoje. Talvez tenha sido o melhor Dia dos Pais da minha vida.

11 DE AGOSTO DE 2009

Hoje parei para pensar e fiquei surpreso com meu estado físico depois de 38 dias. Me sinto novo e muito bem. Claro que ainda não sinto minhas pernas, mas muita calma nessa hora. O processo ainda está começando e o "grosso" da sensibilidade pode voltar em seis meses, podendo haver melhoras em até dois anos. É o que diz a medicina, mas não estou em uma contagem regressiva, e sim em uma batalha diária.

Tenho sido procurado por diversos programas de televisão, sites e outros meios de comunicação para falar sobre o meu problema. Na verdade, não vejo como um problema, mas como uma fase a superar. Esse assédio me assusta um pouco, pois o sensacionalismo pode explorar a situação e dá mais audiência.

Tenho o objetivo de dividir esse momento com todos que estão na torcida por mim e com quem se encontra na mesma situação que eu — ou até pior. Mas o que gostaria de transmitir não é o momento trágico que estou vivendo, mas a vontade, a raça e a força para passar por um quadro que a medicina não explica nem faz diagnóstico. E se a medicina não explica, quem poderia?

Não quero ser nenhum super-herói, mas estou pesquisando muito sobre lesões medulares com a intenção de ajudar outras pessoas a superar essa barreira.

Conversei durante a tarde com uma jornalista do *Fantástico* que está muito interessada em fazer uma matéria da maneira que propus. Sexta-feira vamos gravar, e espero que Deus me dê luz para que, nesses poucos momentos, eu consiga transmitir a Sua mensagem e para que minhas ideias sejam vistas como incentivo. Estou feliz e confiante. Deus está escrevendo o meu caminho em linhas tortas. Para falar a verdade, esse foi o caminho que eu sempre quis trilhar: poder transmitir ao próximo aquilo que o esporte me proporcionou — saúde, respeito, superação, vontade e disciplina —, sempre procurando o bem.

Às vezes tentamos alcançar muita gente, mas não percebemos que ao nosso lado há pessoas precisando de ajuda. Mas sempre senti o prazer de ajudar, sem pedir nada em troca. Procurei e procuro ver todos sem distinção. São coisas que somente o tão democrático esporte pode oferecer.

12 DE AGOSTO DE 2009

O dia começou cedo. Às sete horas estava acordado, pois tinha uma consulta marcada no Lar Escola São Francisco, perto do Parque Ibirapuera.

Logo que cheguei, fiz minha ficha e esperei que minha senha fosse chamada. Começamos a consulta e falamos com pessoas de diferentes áreas, como assistência social, fisiatria (que é a área médica especializada em reabilitação de pacientes com capacidades funcionais limitadas), entre outras. Uma das fisiatras, talvez ingenuamente, disse coisas que minha mãe preferia não ter ouvido desse jeito: que eu "não voltaria a andar". Quando percebeu o impacto que causou, ela tentou aliviar, dizendo que eu "dificilmente" voltaria a andar. Foi um baque para a minha mãe, mas parecia que o dia estava apenas começando e que seria muito produtivo.

Sentei ao sol para esperar enquanto minha mãe fazia a carteirinha do hospital — esse momento, apesar de curto, foi agradável. Mamãe sentou ao meu lado e conversamos sobre como seria minha vida como cadeirante. Procurei mostrar que eu conviveria com um problema como todo e qualquer ser humano, ainda que o meu problema fosse mais evidente, mas que isso não faria de mim uma pessoa menos capacitada.

Talvez eu pudesse resgatar antigos valores que havia perdido nesses últimos anos da vida, em que passei a ter um grande problema com o álcool — não um vício, mas a forma como eu lidava com a bebida. Apesar de raramente beber, depois de tomar o primeiro copo, dificilmente parava no segundo ou terceiro. Parecia que isso me serviria como punição, então bebia praticamente até esquecer quem eu era.

Mas, passando essa fase inicial depois do acidente, que causou muito impacto em todos, eu sentia que poderia voltar às minhas origens esportivas, talvez até tentasse me tornar um atleta paralímpico, superando minha frustração de esportista. Por anos tentei ser atleta profissional de futebol e mais tarde tentei o boxe, um dos esportes mais completos e difíceis que pratiquei na vida.

Enquanto estava ali sob o sol, percebi que algumas meninas me observavam. Uma delas, de forma muito carinhosa, pediu que eu autografasse seu caderno e perguntou se poderia tirar uma foto comigo. Naquele momento, me senti forte e capaz de dar voz a uma causa e lutar por ela. Muitos cadeirantes sofrem preconceito e deparam com diversas barreiras sociais.

Não hesitei em tirar a foto, pois aquilo me fez muito bem — não pelo meu ego, mas por ter percebido as coisas boas que aqueles momentos de dificuldade me proporcionariam.

Na consulta seguinte, com o urologista, soube das dificuldades que teria com minha bexiga, o que precisaria ser administrado pelo resto da vida, mesmo que eu "recuperasse o movimento das pernas".

Ué, mas eu não tinha acabado de ouvir de profissionais do mesmo hospital que eu "jamais voltaria a andar"? Vi que minha mãe estava confusa. E agora? Em quem acreditar? Quem estaria com a razão? Sei que a cabeça dela ainda está procurando a razão, o porquê de tudo isso, tentando entender e prever o que vai acontecer.

Pode parecer prematuro dizer que, não importa o que aconteça com as minhas pernas, vou tentar tirar proveito de toda essa situação. Vou sempre acreditar na minha reabilitação e ter fé. No fim dessa história, talvez eu me torne um sujeito melhor.

Pode até parecer hipocrisia ou uma desculpa em relação ao que estou passando, mas hoje me sinto um cara privilegiado por poder viver este momento. Teria sido muito pior se algo mais grave tivesse acontecido comigo; eu não gostaria de partir da Terra sem ter me despedido de ninguém e muito menos sem ter completado nenhuma missão. Sempre encarei o esporte como um aliado, um amigo, e sempre tentei passar essa mensagem. Sei que influenciei muita gente ao meu redor, mas gostaria de influenciar mais.

Estou vivendo muitas coisas que sempre soube que existiam, mas nunca dei atenção nem me preocupei com elas. Fui internado num hospital público, pois não tinha nenhum convênio, mas o local me recebeu e fui muito bem atendido por profissionais de extrema competência em todas as áreas. Porém, por ser um hospital público, também tive contato com diversos pacientes de classes sociais diferentes da minha, na grande maioria muito baixas. Mas isso não foi o que mais me marcou, e sim a forma como alguns idosos eram deixados de lado por seus familiares, passando dias e até meses sem receber uma visita sequer. Passavam o tempo olhando para uma parede branca, cheios de tubos, tomando remédios e buscando recuperação.

Eles não ouviam música, não viam televisão, não liam, não assistiam a filmes. Como seria possível uma reabilitação completa dessa maneira? Mas eu estaria mentindo se dissesse que eles não recebiam nenhum estímulo, porque havia ali pessoas fantásticas, profissionais competentes e felizes com a profissão que exercem. Imagino que os pacientes tentassem se apegar a isso para sair daquela situação.

Por isso digo que no dia de hoje sou um homem feliz. Essas viagens por lugares até então desconhecidos dão muita força, principalmente quando se trata de ambientes tomados por dor, tristeza e tragédia. Se procurarmos ver nossos momentos difíceis com positividade e serenidade, nos tornaremos mais grandiosos, percebendo que, por mais difíceis que sejam os problemas, tudo pode piorar, mas também pode melhorar.

Só depende de você!

14 DE AGOSTO DE 2009

O dia de hoje foi muito produtivo. Acordei, tomei meu café, comi meu pão e fiz minhas necessidades fisiológicas da maneira que faz uma pessoa que sofre um trauma. As grandes dificuldades são coisas pequenas, como controlar a bexiga e os pequenos machucados que, em questão de dias, podem virar feridas que só se fecham com cirurgia. É preciso estar atento a isso e sempre tentar manter algum movimento na cama e na cadeira. Enfim, me troquei, peguei minhas "pernas provisórias" (mas pode chamar de cadeira) e desci para a academia. Lá, comecei a fisioterapia sozinho, com alguns pesinhos, para aquecer enquanto esperava o Vinícius (fisioterapeuta) chegar. Hoje vamos acrescentar algumas ideias minhas ao treinamento. Meu objetivo é o mesmo de todo lesado medular: adquirir equilíbrio de tronco.

Começamos com um exercício de isometria, em que eu seguro os pesos por alguns segundos no ar sem nenhum tipo de apoio. Em seguida, passei para a minha ideia, que era a de simular um treino de boxe, porque exige muito dos membros superiores do corpo. Trabalhei deslocamentos laterais e socos.

Assim passei o período da manhã. De tarde, estava marcada a gravação com o *Fantástico*, em que eu falaria sobre o momento pelo qual estou passando. Mais do que uma entrevista, me ajudaria a agradecer a todos os amigos, familiares e até desconhecidos que torcem pela minha recuperação. Minha vontade também era contar tudo o que tinha vivido e sentido nesses 38 dias.

Me senti como um mensageiro cuja missão era espalhar uma palavra importante. Logo que a entrevista começou, fui questionado sobre como estava me sentindo naquele momento. Me limitei a responder que não estava triste com o que tinha acontecido, mas a verdade é que eu estava feliz, um pouco mais a cada dia. Eu me sentia um privilegiado por poder ser um representante dessa causa. Mas, se dissesse isso, pareceria demagogia: eu não queria simplesmente declarar que estava feliz por estar em uma cadeira de rodas e que aquilo era a coisa mais legal do mundo.

Falei sobre os pacientes idosos que eram esquecidos pela família e os de classes sociais menos favorecidas, que não têm dinheiro para comprar remédios e muito menos cadeiras de rodas, sempre lembrando que minha internação e a cirurgia foram feitas em um hospital público.

Talvez eu devesse estar ali mesmo para que Deus pudesse abrir meus olhos para todos esses problemas. E também para que pudesse abrir os olhos de mais e mais pessoas. Já que eu estaria em um programa de televisão tão respeitado e assistido, percebi que havia ali uma oportunidade. Tenho esperança de ter transmitido essa mensagem da melhor forma possível, a primeira batalha ganha de uma guerra que me propus a lutar.

Parece que a cada dia tenho mais objetivos. Cada vez mais enxergo uma vida em uma cadeira de rodas — mas uma vida diferente, cheia de metas, cheia de conquistas.

Será que inconscientemente estou desistindo de voltar a andar, de recuperar os movimentos das pernas? Seria isso uma fraqueza? Eu estaria levantando a bandeira branca para essa luta? Ou aceitar os fatos seria, na verdade, sinal de grandeza? A cada dia, tento visualizar um mundo e uma vida diferentes, mas sem fugir dos meus objetivos de melhora, sem desistir deles. Sendo assim, penso que estou no caminho certo, me dedicando, batalhando por um futuro promissor. Olho para trás e tiro as lições que o passado me ensinou nesse presente que estou vivendo.

Hoje me propus a enfrentar um grande desafio. Algo que parecia ser tão curto se tornou um caminho longo e cheio de obstáculos. Achei que era hora de percorrer pela primeira vez uma grande distância pelas ruas. Saí com meu pai para comprar algumas roupas, já que as bermudas que eu tinha não me servem mais. Andamos por seis quarteirões para chegar à loja.

No caminho, percebi a dificuldade que um cadeirante enfrenta ao se locomover por São Paulo. Acredito que esse não seja um problema apenas daqui, mas da maioria das cidades do Brasil. Não consegui percorrer sequer um quarteirão sem encontrar buracos enormes. As esquinas tinham valetas tão grandes que tornariam meu percurso impossível sem ajuda.

Aquela longa "caminhada" era apenas o meu primeiro desafio nas ruas. E eu me proponho a ultrapassá-lo, para que outros maiores venham. Cheguei à loja e encontrei as peças que queria. Saí me sentindo uma pessoa mais leve e mais forte, já que tinha vencido um objetivo imposto por mim.

Com o olhar mais voltado para o futuro, procuro traçar planos e metas. O plano A é a minha recuperação. Para isso vou me esforçar nos próximos anos e principalmente nos cinco meses que estarão por vir, cruciais para uma possível recuperação total. Se esse é o tempo dado pelos médicos para a reabilitação, aqui estou eu para realizar com êxito esse plano.

Mas claro que também deixei guardado na manga o plano B — esse vai depender da falha do A. Na verdade, espero não utilizá-lo, mas pensei nele para não ficar sem chão caso as coisas não deem certo. Investiguei a possibilidade de praticar algum esporte adaptado e de imediato me identifiquei com a canoagem, que envolve uma relação com a água de forma segura e prazerosa.

Acredito que assim não terei tantas decepções no futuro. O que não posso é deixar de ser realista. Tenho que ter vontade, entusiasmo, raça e coragem para vencer essa reabilitação, porém não posso deixar de pensar em algo caso ela não ocorra da melhor forma possível.

Esses pensamentos não revelam covardia, mas inteligência e coragem para superar essa fase. É como li naquele livro do Nuno Cobra, que diz que "a coragem é justamente sentir o medo que enrijece a alma e o poder de enfrentar o desafio serena e positivamente".

18 DE AGOSTO DE 2009

Um dia depois da exibição da entrevista, percebi o quanto posso ser útil nessa minha nova caminhada. Abri o e-mail e havia dezoito novas mensagens. Alguns amigos que tinham assistido ao programa me escreveram, além de outros que até então não sabiam do ocorrido. Todos parabenizaram a forma como estou lidando com a dificuldade ou se disseram surpresos com o fato.

O importante é que realmente estou sabendo lidar com isso tudo. Sei que já passei e estou passando por muita coisa, e certamente ainda tem muito por vir.

Tudo tem sido um grande aprendizado. Tenho conseguido superar os obstáculos da melhor forma, com otimismo e serenidade, mas confesso que não é nada fácil me olhar no espelho numa cadeira de rodas, com fralda, e ser ajudado pela minha mãe a tomar banho. Para falar a verdade, o momento da higiene é o mais difícil, porque é uma tarefa muito complicada de se executar sozinho. Me sinto um pouco frustrado, mas, no fim das contas, essa será apenas mais uma rotina com a qual terei de me acostumar.

Pelas informações que tenho obtido, esse é realmente o processo mais lento e chato, já que a bexiga e o intestino também perdem sensibilidade e são os últimos órgãos a se estabilizar. Tenho conseguido controlar meu intestino muito bem, o que me dá um grande alívio. Isso me possibilita ter uma vida social e também não atrapalha as minhas atividades, como a fisioterapia.

Em relação à bexiga, tudo ia muito bem, mas há mais ou menos uma semana comecei a ter incontinência urinária. O esfíncter não consegue segurar nenhum líquido armazenado na bexiga. Apesar de ter sentido certo incômodo no início, aos poucos estou aprendendo a contornar esse problema, que é tão comum em lesionados medulares. As dificuldades são muito maiores do que se imagina.

Tenho reparado que assumir uma posição realista e forte me engrandece e me dá muita coragem diante das adversidades. Vejo que amigos, familiares e mesmo pessoas desconhecidas me veem com certa admiração porque estou ciente de tudo o que estou passando e do que poderei vivenciar.

Assumi essa postura de luta, vontade e disciplina. Sei da importância da disciplina com a fisioterapia, a alimentação e o descanso, que é o mais difícil de todos. Digo isso porque durante a noite tenho de movimentar meu corpo para não criar escaras, as feridas causadas pela falta de circulação e pela pressão do osso contra a pele. Devido à imobilidade, os músculos atrofiam. As pernas, então, ficam praticamente em pele e osso, e isso piora com a diminuição da circulação nos membros. Além desses problemas, acordo à noite para introduzir uma sonda da uretra até a bexiga, com o objetivo de drenar a urina. É preciso esvaziar a bexiga para que não haja bexigoma (sensação de bexiga cheia) e para que a urina não sofra refluxo, voltando para os rins e causando diversos tipos de complicações.

Mas cada dia mais tudo começa a se encaixar.

Hoje tive que voltar ao hospital para que os médicos analisassem minha coluna, mais exatamente para ver como meu organismo estava respondendo ao enxerto e aos pinos. Depois do raio X, os médicos fizeram a análise e se surpreenderam ao ver que tudo está muito melhor que o esperado. Já dá para ver que o enxerto está se consolidando e que a vértebra que foi triturada começa a se restabelecer. Ver que tudo tem caminhado da melhor forma me dá cada vez mais ânimo.

A volta ao hospital também foi muito emocionante. Primeiro por encontrar médicos, enfermeiros e faxineiras que torcem muito pela minha recuperação. Tivemos uma ótima convivência de 35 dias, em que tive momentos de dor, angústia e ansiedade, além de muita alegria.

O segundo motivo que me deixou muito feliz foi ver que a entrevista conseguiu transmitir minha coragem. Quando cheguei ao hospital, havia muita gente na espera para fazer exames, e parecia que uma grande parcela havia assistido à reportagem — o modo como me olhavam dizia isso. No caminho da sala de raio X, vi um rapaz de uns trinta anos andando na minha direção. Caminhava bem devagar, aparentemente com algum tipo de deficiência, e me olhava com um grande sorriso estampado no rosto. Quando passei ao seu lado, estendi minha mão e o cumprimentei. Ele estendeu o braço e disse:

"Parabéns pela entrevista e pela forma como você está lidando com essa situação, com muita coragem. Te ver assim me motiva muito para seguir a minha luta. Estamos juntos nessa guerra."

Agradeci e saí dali com um sorriso de orelha a orelha. Mas muito maior do que isso foi a satisfação interna. Pude ver que as pequenas atitudes às vezes soam grandes em quem se encontra em situação parecida.

21 DE AGOSTO DE 2009

Os dias seguem, e as dúvidas passam cada vez mais longe da minha cabeça. Parece que tudo está sob controle. Já consigo fazer quase tudo sozinho, e a vontade de treinar pesado vai se intensificando. Tenho feito boas séries de fisioterapia: incluímos o boxe e também uma bola, para dar uma cara de treino mesmo, e não aquela coisa quadrada e monótona. Assim posso ter mais estímulos. Sinto que já estou avançando bastante.

Há pouco tempo comecei a me relacionar com uma pessoa da qual estou gostando muito. Já nos conhecíamos, mas só agora estamos nos envolvendo. Quando perguntei por que ela resolveu corresponder às minhas investidas, a resposta foi direta: disse que só agora via esse meu lado batalhador, vencedor, capaz de enfrentar os problemas.

Talvez nem eu mesmo conhecesse esse Nando, já que, apesar de ter superado momentos de dificuldade, nada se compara a este que estou vivendo.

Para falar a verdade, também sinto orgulho de como estou lidando com tudo isso. Sei que posso servir de exemplo para muitos que passam por dificuldades maiores do que as minhas e para aqueles que se sentem perdidos mesmo lidando com problemas pequenos.

Além disso, já me sinto capaz de estar em um relacionamento mesmo durante esse momento turbulento.

25 DE AGOSTO DE 2009

Hoje acordei com uma vontade imensa de treinar, de contrariar o "não" que a fisiatra me disse. Para falar a verdade, acordo quase todo dia com a voz dela na cabeça dizendo que eu não voltaria a andar ou que isso seria muito difícil.

Em vez de me jogar para baixo, esse "não" me motiva a contrariá-la, como se eu fosse uma criança. Quem é essa pessoa para dizer o que devo ou não fazer?

Lembro exatamente a cara dela ao dizer aquelas palavras, e acordo com essa vontade de provar que estava errada. Que seja assim até o fim.

8 DE SETEMBRO DE 2009

Esta seria a minha última noite em São Paulo, mas, devido a uma infecção viral, os planos mudaram. Vou somente na segunda-feira para Goiânia, para abrir o desfile da Goiânia Fashion Week (minha quarta participação como modelo no evento). Fiquei muito feliz com o convite, e sinto cada vez mais vontade de fazer parte de ações que possam incentivar pessoas iguais a mim. Depois, sigo de carro até Brasília, para começar um tratamento no hospital Sarah Kubitschek.

Confesso estar com um pouco de receio, já que o novo sempre causa certo nervosismo. Mas, ao mesmo tempo, estou disposto a viver novos desafios, porque sei o quanto isso servirá de motivação para outras pessoas — principalmente para mim mesmo. Sendo assim, vamos à luta!

14 DE SETEMBRO DE 2009

Hoje é o grande dia. Já estava desde a semana passada bastante ansioso pela viagem, que foi adiada por causa da virose. No dia marcado tive febre de quarenta graus e fiquei me sentindo fraco por mais cinco dias.

Já estava melhor desde sexta-feira, e agora finalmente posso embarcar para Goiânia. Vou abrir a semana de moda, desfilar e, logo em seguida, sigo para Brasília, onde, no dia 15 de setembro, às oito horas, começo o tratamento no hospital Sarah Kubitschek.

Não sei dizer o que vou encontrar em Brasília, mas esse tempo no novo hospital vai ser importante para que eu e minha mãe pensemos no que vem pela frente. Claro que o futuro depende da minha melhora — na verdade, não depende da minha melhora, porque ela certamente virá. Mas há dois caminhos a seguir, dois planos.

O primeiro é continuar com os trabalhos. Ou seja, se meus movimentos retornarem, poderei voltar a trabalhar como modelo e a praticar esportes como hobby.

Agora, se eu não responder ao tratamento da melhor forma, o plano B significa dar ao esporte uma importância ainda maior na minha vida — irei em busca de competições, olimpíadas, vitórias e superação.

16 DE SETEMBRO DE 2009

Tive uma noite maravilhosa em Goiânia. Quando cheguei ao local do evento, fui tomado por nervosismo. Para chegar ao camarim, tinha que subir e descer vários degraus com a ajuda de quatro pessoas. Impedi que aquela dependência me abalasse, pois já tinha me convencido de que cada obstáculo superado só me faria mais forte. Não era hora de me acovardar: sabia que aquela simples atitude de entrar na passarela de uma forma diferente, porém com muita força e positividade, poderia motivar também outros cadeirantes.

Depois de alguns longos segundos atrás das cortinas, lá fui eu pela passarela, empurrando minha cadeira sem sentir vergonha, e sim orgulho. Fui até o fim e, num gesto de carinho, todos se levantaram e aplaudiram. Começava a ficar cada vez mais claro que as vitórias que conquisto não são importantes só para mim — elas também podem inspirar várias outras pessoas.

No fim dos desfiles, pegamos o carro e fomos até Brasília. Chegamos por volta das duas da manhã no apartamento da Carol, minha prima. Às sete, já estava acordado para ir até o Sarah. Às oito, estava passando pela consulta para, em seguida, dar entrada no hospital.

Não sabia o que esperar, não mesmo, mas pareceu ser um lugar bem legal. No lugar de quartos, há um cômodo grande, em que o espaço é dividido com muitas pessoas. Não existe nenhuma privacidade, mas é justamente isso que faz do hospital um lugar democrático, onde todos procuram se relacionar de forma amigável. É ali que seu vizinho passa a ser sua fonte de inspiração.

Hoje o dia foi de exames e descanso. Não tive nenhuma grande atividade, porém tento mostrar o máximo de disposição e independência para passar logo para as próximas etapas. Quero começar a me exercitar como fazia antigamente, com intensidade e força. Voltar à condição de atleta, que vai ditar o ritmo da minha vida — o esporte, mais uma vez, será minha válvula de escape.

18 DE SETEMBRO DE 2009

Ontem realmente pude comprovar o que me falaram sobre o Sarah. Tudo já começou a acontecer desde o primeiro dia.

O procedimento aqui é um pouco diferente em relação aos outros lugares, tem todo um protocolo. E vi também que eles respeitam muito a particularidade de cada um. Logo no primeiro dia fui colocado em pé com a utilização de uma órtese (um dispositivo ortopédico) e já pedi que me passassem um condicionamento mais forte. Sempre testei todos os meus limites, por que agora seria diferente?

Sei que sou capaz de muito, e pretendo buscar tudo o que estiver ao meu alcance. E vou me esforçar para ir atrás também do que não estiver.

O primeiro dia foi muito produtivo e estimulante, por saber o que consigo fazer com a órtese, sem o auxílio de ninguém. O primeiro passo foi dado, agora tudo depende de mim. E, depois desses dois dias, minha confiança aumentou muito. Tudo o que eu tinha em mente está acontecendo aqui.

Vamos à luta.

23 DE SETEMBRO DE 2009

Hoje é o primeiro dia da segunda semana de internação, mas sinto que se passaram meses.

Já estou à vontade no hospital, os treinos finalmente estão pesados e as aulas também começaram. Agora é hora de estudar tudo o que acontece no corpo de alguém com lesão medular. Vou ter aulas sobre o funcionamento do intestino, da digestão, da bexiga e da própria medula.

Do meu lado direito está o Marcelo, um mineirinho boa gente, educado, que sofreu uma lesão na T7 em um acidente de moto. Do lado esquerdo, um rapaz chamado Benites, um gaúcho de mais ou menos trinta anos que se envolveu em uma briga e teve o pescoço torcido. Isso acarretou uma lesão na vértebra C4, que o deixou tetraplégico.

Benites chegou ao hospital cabisbaixo, muito mimado pelo pai, mas com o tempo isso foi mudando. Depois de uma semana já o vejo com uma força incrível, querendo conquistar seu espaço. Nossa vitória tem que ser diária: saímos da cama para conseguir um avanço mínimo, que aos olhos de muitos não é perceptível. Mas, para nós, um centímetro significa muito, e é com esse passo de formiguinha que chegaremos ao nosso objetivo. Todos aqui estamos unidos por uma só causa, sempre dando a mão para quem está ficando para trás. Este é o meu ponto de vista: se puder modificar a vida de uma pessoa que seja, isso já terá um significado imenso.

30 DE JANEIRO DE 2010

O ano começou difícil. Tive uma infecção que, além de não sarar, voltou e me derrubou. Mas tudo parece um teste de paciência. É muito fácil lidar com as alegrias, mas somente nas dificuldades conseguimos ver onde está nossa força. E, claro, também na dor — a febre, os calafrios, a indisposição.

Hoje, depois de seis meses, quando já me sentia tranquilo e certo de que o corpo havia se adaptado à lesão, sofri algumas pancadas fortes, como a infecção e o descontrole fisiológico. Mas, depois de tantas vitórias pessoais, mesmo com a dor me sinto mais sereno e otimista para superar qualquer vendaval.

Se 2009 foi um ano de conquistas, tanto na área profissional (continuei a fazer trabalhos como modelo, com desfiles e ensaios fotográficos) como na reabilitação pós-acidente, 2010 começou sem dó. Dessa vez, não resisti à pancada. Passei cerca de uma semana com febre alta, o que fez minha resistência cair muito. Tomei antibióticos fortes, que acabam inibindo a fome, então perdi alguns quilos. Logo em seguida tive de mudar a dieta para realizar os exames da bexiga, a fim de medir a capacidade que ela comporta e controlar as perdas urinárias. Só depois disso vou poder começar a tomar a medicação que controla essas perdas.

Para completar, durante um dia de treinamento de canoagem, me desequilibrei e caí na água. Explicando: eu treino em um caiaque oceânico emprestado. Então, precisei descobrir qual é a melhor forma de sentar dentro dele com apoio, para não desequilibrar durante a remada. Com a ausência da sensibilidade e da musculatura da perna, esse movimento é muito difícil de realizar. Minhas pernas ficam em hiperextensão, ou seja, totalmente retas, com meus pés apoiados no aparador. O colete ajuda a me manter sentado e serve como apoio, me deixando preso dentro do caiaque.

Foi justamente por isso que, no momento em que tombei a embarcação, tive de fazer um movimento para desencaixar o quadril. Acabei raspando a bunda no cockpit, o que causou uma ferida. Já que minha circulação ficou bem menor onde não há sensibilidade, a ferida demora a cicatrizar.

Faz praticamente um mês que não posso praticar esportes. Bem, na verdade eu pratico, mas de maneira improvisada. Coloco as órteses, penduro uma bola de borracha amarrada com ataduras a uma barra de ferro, bem na altura do meu rosto, e faço um treino de boxe. O objetivo é causar desequilíbrio, pois preciso esticar os braços para atingir a bola e dependo totalmente dos músculos abdominais que ainda tenho na região da cintura. Assim, acaba sendo uma forma fantástica de forçar o equilíbrio, e isso me ajudará muito quando puder voltar aos treinos de canoagem.

Aliás, a palavra "improviso" entrou de vez para o meu vocabulário, sempre relacionada com outra, "adaptação". Quando não disponho dos materiais necessários para adaptar, então pego o que tenho à mão para improvisar.

Tenho tentando superar as adversidades da melhor forma, através da minha melhor ferramenta: o esporte. Além dessa, que é a ferramenta principal, descobri na música outra motivação muito importante. Ela me acompanha o tempo todo, na alegria e na tristeza. Acordo e durmo com música. Tenho lido bastante e visto muitos filmes também. Alguns livros me marcaram de forma especial, como A *semente da vitória*, de Nuno Cobra, e *Quebra de script: Uma incrível história de reinvenção pessoal*, de Thomaz Magalhães, sobre a vida de um empresário bem-sucedido que lesionou a medula e, através da fé e do esporte, conseguiu se superar e redescobrir uma vida mais feliz.

No campo do cinema, posso citar vários filmes, como O *escafandro e a borboleta*, que conta a história real do editor de uma famosa revista que sofreu um AVC, ficando impossibilitado de fazer qualquer movimento. Ele só mexe o olho esquerdo e, graças a ele e à ajuda de uma fonoaudióloga, escreveu um livro inteiro usando somente as piscadas.

Também vi outro filme francês chamado *Angel-A*, que fala sobre duas pessoas prestes a cometer suicídio que se encontram numa ponte, um jovem iraniano baixo e feio e uma loura esbelta e linda. Depois de desistir e salvar a mulher, ele descobre que ela era, na verdade, sua própria consciência, seu anjo, que passa a trabalhar sua confiança e autoestima.

Por fim, o mais marcante de todos: *Murderball: Paixão e glória*, documentário sobre os jogadores da seleção americana de rúgbi paralímpico. O filme mostra a rotina deles, como superam as dificuldades e, principalmente, o que o esporte lhes proporciona. Como são jovens que passaram por algo que estou vivendo (para falar a verdade, uma realidade muito pior do que a minha), foi uma grande inspiração: todos os dias penso naqueles jovens atletas e tento seguir seus passos.

3 DE FEVEREIRO DE 2010

Já faz sete meses que sofri a lesão, e as coisas parecem estar entrando nos eixos. A vida vai voltando ao normal e, apesar de não estar tão contente com os rumos, tenho aceitado a situação da melhor forma. Isso me faz ter muita segurança, pois cada dia me sinto mais forte.

A canoagem surgiu na minha vida como um canal de transmissão, porque é através dela que passo minha mensagem de superação. Parece que, quando sento naquele caiaque, me sinto igual às pessoas, e as dificuldades desaparecem. Cada dia tento pegar um caiaque mais estreito, e, apesar do desequilíbrio que isso causa, a vontade que eu tenho de domá-lo é sempre maior. Como se fosse uma parte do meu corpo, ele me instiga, me provoca. É como se me dissesse que vai ser impossível me equilibrar dentro dele na água.

Tracei os meus objetivos do ano, e minha meta é disputar todos os grandes campeonatos do mundo. Sei que pode parecer um pouco arrogante começar um esporte novo e dizer de cara que vou conquistar todas essas competições. Mas, no momento, essa é a minha certeza, é a sensação que carrego dentro de mim.

Parece que minha mente quer dizer algo ao meu corpo, como se não aceitasse a palavra "limitação". Quando digo que nada é impossível, digo isso do fundo do meu coração. Quero fazer com que o impossível se torne possível.

É até engraçado pensar que, antigamente, no boxe, eu me sentia desgastado já no quarto round. Hoje, corro

— aliás, rodo — quinze quilômetros com meus braços tocando a cadeira e ainda acabo numa condição boa.

Parece que o corpo começa a passar por algumas transformações, e o que antigamente seria impossível, hoje se torna possível. Mas somente quando me desafio é que me entrego de corpo e alma, com uma certeza que jamais tive dentro de mim. Hoje sei de onde veio essa certeza: veio da dor, do sofrimento e do tão temido medo da morte, já que, numa fração de segundo, tudo poderia ter deixado de existir.

O prazer que tenho pela vida é tão grande que não me permito ficar sentado em uma cadeira e vê-la passar. Então prefiro improvisar, como se faz no teatro quando algo dá errado. Só que esse é o teatro da vida, onde não há ensaios, apenas noites de estreia. E, se algo der errado, não dá para simplesmente sair do palco.

É preciso erguer a cabeça e continuar a peça, que o final ninguém sabe quando será.

15 DE MARÇO DE 2010

Oito meses de lesão.

Depois de seis meses em Brasília, estou de volta a São Paulo. Confesso que a ansiedade me consumia, e passei dois dias e meio calado com receio do novo. Já tinha criado vínculos com a cidade — até fazia meus treinos fora do Sarah.

A canoagem já faz parte da minha vida. Às terças e quintas-feiras, lá em Brasília, fazia treino técnico, aprendendo os movimentos leves, e aos sábados era a vez do treino longo e pesado, mas muito prazeroso. Remávamos cerca de duas horas para todos os lados no abençoado lago Paranoá. Aos fins de semana, saía para conhecer a cidade, ia a restaurantes, bares e passeava pelo parque. Comecei a viver o clima de Brasília, a paixão que alguns atletas têm pelo esporte de aventura, pelo mato. Aquilo é realmente lindo, e as pessoas sabem aproveitar o que a cidade tem de bom.

A hora de partir trouxe uma mistura de tristeza, medo, felicidade, ansiedade e saudade. E agora, o que virá pela frente em São Paulo? Onde treinar, como andar? Por onde andar? Tudo isso vem à cabeça. Não que encare como uma vida nova, mas diferente. O que antes era uma calçada, hoje é um obstáculo — e em São Paulo isso é o que não falta.

Confesso que fiquei assustado ao chegar ao aeroporto. Passei seis meses naquele clima agradável de Brasília, sem saber o que era trânsito. Em São Paulo, dei de cara com o oposto: um friozinho (até que gostoso) e um trânsito infernal. Estava assustado, mas não era nada muito diferente do que eu já conhecia.

No caminho, ouvi "Aquarela", do Toquinho, uma música que já conhecia havia muito tempo, porém nunca tinha parado para refletir sobre a letra. Ela diz assim:

O futuro é uma astronave que tentamos pilotar
Não tem tempo nem piedade nem tem hora de chegar
Sem pedir licença, muda nossa vida e depois convida a rir e a chorar
Nessa estrada não nos cabe conhecer ou ver o que virá
O fim dela ninguém sabe bem ao certo onde vai dar

Pronto, é exatamente o que eu estou vivendo. Se de repente o futuro me pregar uma surpresa, sem hora certa para chegar, cabe a mim decidir se vou rir ou chorar. Não sei o que está por vir, mas sei que posso fazer dessa surpresa uma história feliz. E isso só depende de mim.

25 DE MARÇO DE 2010

Os dias vão passando e a vida vai se encaixando. Hoje, como me sinto mais seguro em relação ao futuro, talvez possa viver agora o que sempre quis viver no passado.

A vida de atleta me obriga a buscar a melhor forma física e patrocinadores que apoiem minha ideia. Pelo esporte, quero revolucionar o mundo, mandando aquela imagem preconceituosa do cadeirante incapaz ou "pobre coitado" por água abaixo.

Ser cadeirante é uma situação, não uma doença — quero que isso fique bem claro para todo mundo.

Estou certo de que algo muito grande está por vir e trabalho duro por esse momento. Pretendo ser um divisor de águas, gostaria de levar o esporte adaptado ao mais alto nível. Vou trabalhar para que meu corpo vire uma máquina capaz de suportar alto grau de dificuldade.

Believe it!

4 DE ABRIL DE 2010

Hoje, depois de exatos nove meses de lesão, consigo relembrar cada detalhe dos 34 dias que passei naquele quarto grande do hospital. Havia um banheiro que me separava dos outros dois pacientes. Do outro lado estava o Newton, um paciente que havia levado cinco tiros e que só conseguia falar quando tapava o buraco da traqueostomia. Paraplégico, passei a acompanhar sua história mesmo sem conhecê-lo e sabia que ele estava entrando em um quadro de depressão. Cinco anos depois do seu acidente, quase não recebia visitas e a cada dia ficava pior. No quarto estava também o seu José — bem, para falar a verdade não sei muito sobre aquele senhor quieto, que durante a noite tentava tirar os aparelhos.

Muitas pessoas entraram e saíram dali, e infelizmente presenciei duas mortes. É claro, não era o melhor lugar do mundo, mas mesmo assim eu me sentia muito em paz naquele ambiente. A curiosidade para saber onde estava era enorme, já que nem sabia onde ficava o hospital. Só sabia que na cantina tinha um brigadeiro maravilhoso, e todo santo dia eu fazia questão de pedir que comprassem três deles. Mas não eram todos para mim. Eu tinha o prazer de comer dois, e o terceiro era para a minha querida enfermeira. Na primeira vez que ela me viu comendo os brigadeiros, seus olhinhos brilharam. Quando ofereci, ela não pensou meio segundo para responder: "Lóóóóógico!".

8 DE ABRIL DE 2010

Não que eu esteja contando os dias, mas às vezes parece que se passaram anos desde a lesão. Além de pôr em prática todos os meus projetos em relação ao esporte e até ao mundo da moda, ainda me vejo como uma voz ativa da causa.

Mas hoje, quando fui gravar o *Altas Horas*, no meio do programa senti que minha ficha caiu. Não sei dizer por quê, mas me enxerguei como um "deficiente físico" talvez pela primeira vez. Engraçado, mas, para mim, as palavras "deficiente físico" vêm sempre acompanhadas de um tom pesado, como se o deficiente fosse alguém com uma vida muito diferente da das outras pessoas. Enfim, me pergunto: o que é ser "normal"? Quem é "normal"? Realmente não consigo me ver como uma pessoa fraca e abatida, e com certeza a minha autoestima me mantém sóbrio e seguro de quem sou. Acho que é por isso que me cobro e me obrigo a ser o representante desse mundo "paralelo".

Cadeirante? Definição: ser humano que necessita de uma cadeira de rodas para sua locomoção.

Muitas vezes a imagem dessas pessoas era ligada a alguma doença ou à velhice. Hoje, posso dizer que somos vítimas da "guerra urbana". Vítimas da modernidade, da criação da pólvora, da arma de fogo ou das máquinas possantes que atingem 250 quilômetros por hora. Criamos objetos que mal sabemos controlar. As coisas parecem evoluir numa velocidade desenfreada, e, quando tentamos pisar no freio, já é tarde demais.

Será que é tão difícil conseguir enxergar o que está acontecendo com o mundo? Trânsito caótico, verão no inverno, desastres da natureza, ambição descontrolada?

Parece saudosista, mas é chato pensar que meu irmão mais novo nunca subiu num muro ou numa árvore. Acho que sua maior aventura foi um jogo de PlayStation. Mas também não é culpa dele. Como ele poderia fazer isso, se as crianças são obrigadas a ficar cada vez mais dentro de casa, reprimidas por suas atitudes infantis?

20 DE ABRIL DE 2010

Hoje estou indo para La Plata, na Argentina, disputar o Campeonato Sul-Americano de Canoagem — ou melhor, Paracanoagem. Sinceramente não tenho ideia do que esperar e de com quem irei competir. Aliás, acho que sei, sim: vou competir comigo mesmo, meus medos, minhas dúvidas sobre o meu futuro depois da lesão. As sementes foram plantadas, e, como diz o meu treinador, Paulinho, "esteja pronto para quando a oportunidade bater à sua porta!".

Acho que é isso que fiz e continuo fazendo: me preparando para a vida, para os obstáculos e as dificuldades. Sem perder a esperança no dia em que vou sentir o tal "formigamento", o primeiro sinal de que há retorno da sensibilidade das pernas.

Só digo com toda certeza que não é exatamente esse momento que trará a minha felicidade plena. Ela não pode depender de um fator apenas, mas de vários momentos que tenho vivido.

Quero e vou viver essa fase com alegria e curtir cada segundo dela. Apesar de ser "novo" na paracanoagem, sei da minha força e do meu potencial. O meu caiaque com certeza não é, digamos, o ideal para as competições, mas é o que tenho em mãos. É como se, em uma prova de ciclismo, eu estivesse com uma bicicleta antiga modelo Barra Forte. Sei das minhas limitações e das do meu barco, porém estou confiante de que esse momento vai me servir de aprendizado.

27 DE ABRIL DE 2010

Os obstáculos começam a surgir, e o simples fato de viajar já é uma tarefa difícil. Ainda mais quando você chega a um hotel onde mal consegue se locomover pelo quarto nem entrar no banheiro, já que as portas antigas tinham uma medida bem menor. Sendo assim, retomo aquela (nova) palavra: IMPROVISO.

Isso sem falar no elevador, que, além de antigo, tinha duas portas de correr feitas de ferro, com a medida exata da minha cadeira.

Foi assim que se iniciou a minha primeira experiência em viagens internacionais e competições.

Encontrei com o restante da delegação brasileira de canoagem, que contava com cinco atletas paralímpicos, mas apenas um cadeirante. Ao mesmo tempo, não posso deixar que esses fatores negativos influenciem minha trajetória. Afinal, como escutamos o treinador Sebastián Cuattrin dizer na hora do almoço: "Nada de sair do hotel. Vocês não vieram aqui para passear. Vieram aqui para representar o Brasil".

Como se não bastasse representar o país, acho que nós, atletas paralímpicos, temos uma responsabilidade ainda maior: somos exemplo de superação e motivação, e nossa atitude serve para quebrar barreiras enormes.

Eu não sabia o que esperar dessa viagem, e ela acabou sendo mesmo uma caixa de surpresas — positivas e negativas. Pude sentir as dificuldades de ser um cadeirante. Das calçadas, não tive do que reclamar, mas as guias eram todas muito altas. Se não fosse pela minha força e pelo meu condicionamento, jamais conseguiria atravessar as ruas sozinho. Acabei me sentindo bastante dependente, já que algumas atividades eu só podia fazer com a ajuda dos outros.

Mas, ao mesmo tempo, fui mais independente do que pensava e superei obstáculos muito maiores do que estava acostumado. Tive saudade da minha terra, da minha casa, mas acredito que agora serei um cara muito mais forte e capaz.

Assim que cheguei ao Brasil, já comecei a traçar as próximas metas — melhor dizendo, executá-las, pois meus objetivos para este ano já estão todos no papel. Agora só preciso colocá-los em prática.

O primeiro foi esse Campeonato Sul-Americano na Argentina, que me deixou cascudo, como se eu tivesse entrado em uma "faculdade dos cadeirantes" e cursado os quatro anos em apenas cinco dias.

Posso afirmar que algumas pessoas com anos de cadeira de rodas não passaram pelo que experimentei ao deparar com um país despreparado para que pessoas com deficiência vivam de modo independente.

Agora estou planejando a próxima viagem. Vou para Portugal construir um caiaque sob medida para competir de igual para igual com outros paratletas. E depois, se tudo correr bem, pego minha mala e o caiaque e vou para a Hungria disputar a segunda etapa da Copa do Mundo de Canoagem.

Acho que a única pergunta que me faço sobre o passado é: "Por que não descobri esse esporte antes?". Ele tem um leque tão grande de opções. Hoje posso estar nas provas de velocidade de duzentos metros, amanhã posso descer um rio largo e comprido sem a menor pressa. Isso me traz um bem-estar enorme e uma imensa sensação de liberdade.

1º DE MAIO DE 2010

Hoje parei para pensar um pouco sobre o que é "ser feliz". É um estado de espírito, é um momento único que te deixa contente, é uma soma de atitudes...
Comecei a ler um livro muito bom e, durante a leitura, parece que divido um pouco do sofrimento que veio com a lesão. Quando descobrimos um pouco da história de outras pessoas que vivem momentos de dor e superação, parece que a nossa história toma outra proporção e que algumas barreiras que encontramos parecem ficar menores.

Feliz ano velho, livro de Marcelo Rubens Paiva, fala de sua história desde o tempo em que era estudante até depois do acidente que o deixou tetraplégico. Consegui ver nele um pouco da minha juventude e do meu momento presente, ainda que a minha situação seja talvez menos limitada, mas também difícil como a dele.

No dicionário, a palavra "difícil" tem a seguinte definição:

Difícil: Não fácil; custoso; complicado; espinhoso. Arriscado. Exigente. Mau. Pouco provável.

Situações difíceis podem ser vividas e superadas de diversas maneiras. Quando digo que me identifico um pouco com a história do Marcelo Rubens Paiva é porque encarei de maneira parecida o meu momento difícil. Claro que procurei levar a situação para o lado que mais me dá prazer, que é o esporte. E ele, até por estar numa condição de tetraplegia, procurou dar vazão às suas dificuldades por meio da escrita.

A principal lição nisso é OTIMISMO. Saber tirar coisas boas de momentos ruins. Muitas vezes vejo que as pessoas se rendem aos problemas, e aquilo acaba se tornando uma bola de neve. Aí, acho que a própria pessoa começa a gerar energia negativa: por exemplo, uma dívida que não consegue pagar, que leva a um conflito familiar, a imunidade fica baixa e a pessoa pega uma doença. Uma bola de neve. Até o prazer pela vida diminui.

Claro que enxergar flores no meio do lixo não é a coisa mais fácil do mundo, mas com certeza colheremos no futuro aquilo que plantamos no presente.

11 DE MAIO DE 2010

Hoje é o dia da grande aventura, do grande obstáculo. Vou descobrir realmente até onde e como posso ir.

Até o momento, não tenho encontrado grandes dificuldades. Quanto mais longe estou do meu país, mais as coisas vão ficando simples. O destino é a Europa, Portugal. As empresas aéreas europeias são bem preparadas para receber pessoas com necessidades especiais. Sem muitas dificuldades, embarquei e vi que meu assento era o 27D. Ué, dessa vez não tive de sentar na primeira fila? Não, porque o avião era equipado com uma cadeira de rodas estreita que me permitiu seguir até meu assento.

Estou até me sentindo seguro em relação à viagem. É claro que encontrarei problemas, mas creio que nenhum maior do que passei na Argentina, onde fiquei sem tomar banho por três dias por não conseguir entrar no banheiro do hotel. A viagem só está começando e com certeza será a maior e mais engrandecedora da minha vida. Tenho certeza de que, a partir daqui, as portas de um mundo novo vão se abrir.

Não sei por quê, mas sinto que as coisas vão tomar uma proporção tão grande que nem consigo imaginar. Os projetos que fiz para este ano estão aos poucos se tornando realidade e, como se isso não bastasse, tomando uma dimensão enorme.

14 DE MAIO DE 2010

Chegamos a Portugal. E eu realmente não sabia o que esperar desse país.

Bem, achei o país muito civilizado, tive poucas dificuldades e encontrei um povo extremamente educado e hospitaleiro.

No aeroporto encontrei o sr. Nelo, dono de uma fábrica de caiaques que leva seu nome. Ele havia se interessado pela minha história e propôs que eu fosse até lá para desenvolvermos um barco adaptado. Fomos então para Póvoa de Varzim, ao lado de Vila do Conde, no distrito do Porto — onde ficam a fábrica dele e o rio em que eu remaria.

Na fábrica, fizemos ajustes, como tirar os lemes controlados pelos pés e encaixar um assento que eu havia trazido do Brasil. Então, levamos o caiaque até o rio. Mas como entraríamos na água? Hora do improviso. Quando saio da cadeira de rodas, me sinto meio inseguro — aliás, totalmente inseguro. É como se tivessem arrancado minhas pernas.

No píer, passei para o chão. Em seguida, com a ajuda do meu amigo-treinador Paulinho, sentei no caiaque e ajeitei as pernas. Falando assim até parece muito simples, mas não é. Dentro do caiaque, tive imediatamente aquela sensação enorme de prazer: mesmo saindo do meu porto seguro, fui para outro lugar em que me sinto livre e capaz de remar de igual para igual com qualquer um — principalmente agora, com meu caiaque adaptado.

Remando pelas águas do rio Ave, na Vila do Conde, senti mais um pouco daquele prazer extremo. Ainda não estava tão seguro no barco, mas consegui me equilibrar muito bem, já que o assento tinha sido todo feito sob medida e estava bem confortável.

Não havia ninguém por perto quando comecei a remar, mas, ao sair da água, notei que algumas pessoas observavam. Quando o Paulinho veio com a minha cadeira de rodas, foi uma surpresa para quem me viu dentro da água remando tão forte. Eles não esperavam que aquele rapaz com tanta disposição fosse alguém com deficiência física.

São justamente esses momentos que me fazem feliz e dão motivação para seguir em frente e buscar novos desafios.

21 DE MAIO DE 2010

No último e tão esperado dia, quando pegaria meu barco novo, acordamos cedo e esperamos o Jone, funcionário da Nelo que desenvolveu as adaptações do caiaque. Como combinado, lá estava ele com o barco em cima do carro. Que coisa linda: o caiaque tinha o desenho da bandeira do Brasil!

Tinha chegado a hora de pôr o barco na água, e é claro que atraímos a atenção de alguns curiosos, em especial de uma senhora e seu filho cadeirante que estavam por ali. O rapaz estava em uma cadeira de rodas em razão de uma lesão cerebral que lhe tirou os movimentos das pernas e braços. Ela se aproximou e fui até os dois para me apresentar. A senhora disse que havia trazido o filho para presenciar aquele momento e mostrar que é possível fazer tudo o que desejar apesar da cadeira de rodas.

Minha missão de formiguinha para contagiar outras pessoas crescia cada vez mais.

Voltando para casa no meio da noite, a bordo do trem que saía do Porto para Lisboa, me peguei num momento de reflexão. O silêncio da madrugada e o balanço do vagão davam uma sensação de paz e de liberdade. Estava sentado no banco, com a cadeira de rodas, minha companheira inseparável, ao meu lado. Já não sou dependente das minhas pernas, e sim dos meus braços e mãos, que me levam aonde meu coração mandar. Vejo tudo com muita alegria, sabendo que, apesar das minhas limitações físicas, meu espírito é forte e engrandecido, como um gladiador lutando com as armas que tem. Vou em busca dos meus sonhos, das minhas vontades, sem medo da derrota. Já conheci vitórias e soube muito bem aproveitar o que elas puderam me dar.

Escreva seu livro, faça sua história.

Para entrar no avião, realmente não havia nenhum padrão. Cada um dos seis voos que fiz nessa viagem, a caminho e voltando da Europa e dentro do continente, foi diferente. Em alguns, carregaram minha cadeira nos braços (comigo junto) e me puseram na primeira fileira; em outros, havia a cadeirinha mais fina para me levar até a poltrona marcada (o que causou um pouco de confusão e constrangimento). Ah, quer saber, não ligo para o que os outros pensam, quero é chegar logo no meu assento. Porque já sei que, na hora de sair, serei sempre o último, é lógico.

O voo de ida para Portugal duraria cerca de dez horas, e não sabia se aguentaria ficar todo esse tempo sem urinar. Não deu. No meio da noite, senti minha bexiga cheia e pensei que se chamasse a aeromoça ela traria a cadeirinha de transporte. E lá vai o aleijado acordar o avião inteiro!

Quer saber? Olhei para um lado e para o outro, todos dormindo. Coloquei minha sonda e dá-lhe xixi na calada da noite. No fim, chamei o Paulinho e pedi que ele dispensasse o saquinho de urina. Portanto, se for fazer uma viagem longa, use um coletor fixo (no caso de ter perda involuntária de urina) ou chame a aeromoça e ela trará uma cadeira mais fina que entra no banheiro. Se for durante a noite, você acordará o avião inteiro. Com sorte, talvez alguém o ajude no banheiro.

Ah, e não se esqueça do amigo para jogar o xixi fora.

Se você pretende ser independente com uma cadeira de rodas, desafie-se, enfrente, lute e supere. Não deixe a vaidade ser maior do que sua felicidade. Não aceite os padrões impostos pela sociedade, seja um desafiador e mude.

Isso tudo só fortalece uma ideia que sempre tive: quando você está bem, o bem volta para você. Não consigo ouvir pessoas que dizem coisas como: "Nossa, meus amigos sumiram, não tenho mais ninguém do meu lado". Lógico, quem quer ao lado um ser humano que só reclama da vida, que vive dizendo que foi injustiçado pelo destino?

Por que, num momento de extrema felicidade, eu não parei para perguntar: por que eu, meu Deus? E por que você foi o escolhido para aquele momento vencedor? Acontece que na derrota nos abalamos e supervalorizamos o momento. Deus vai lá e põe toda a sua família ao seu lado nesse momento difícil. E, num ato egoísta, nós nos jogamos num abismo e desistimos da luta.

Como se a sua felicidade não fosse importante para mais ninguém, só para você.

Não seja egoísta com quem te ama, com quem te admira. A sua felicidade pode ser a felicidade dos outros que te rodeiam. Atitudes positivas geram atitudes positivas.

9 DE AGOSTO DE 2010

Estes dias têm sido de ansiedade. Os planos que tracei para o ano vêm se realizando, principalmente em relação aos esportes. Faltam dez dias para o Campeonato Mundial de Canoagem, modalidade à qual decidi dedicar a minha vida. Mas, como nenhum esporte no Brasil costuma dar retorno financeiro, cá estou eu correndo atrás de patrocínios para a competição. De qualquer forma, sei que vou participar desse evento nem que tenha de pagar do meu bolso, porque pode ser o início de uma longa e prazerosa estrada.

A canoagem está sendo cotada para se tornar um esporte paralímpico, e espero que, ganhando títulos e divulgando um esporte que tanto me dá prazer, eu possa contribuir com isso. Que esse seja o primeiro mundial de vários, e que eu consiga levar o esporte adaptado a um nível mais alto.

Às vezes paro e me pergunto o motivo de esse turbilhão de mudanças e provações estar acontecendo na minha vida. Por que tenho aceitado com tanta naturalidade o fato de não poder mais andar? Já me peguei pensando inúmeras vezes sobre isso e percebi muitos sinais indicando que, ainda que eu estivesse tendo sucesso na carreira como modelo, aquilo não alimentava a minha alma. Aquela não era a minha essência. A minha essência é o esporte. Tudo o que conquistei na vida foi através dele, que me direcionava, alimentava, guiava.

Mas aos poucos fui me afastando desse estilo de vida. Não que não estivesse praticando esportes diariamente, pois acho que, desde que me conheço por gente, nunca fiquei mais do que sete dias sem fazer atividade física. É como um vício: a necessidade da endorfina, a sensação do pós-treino, aquele sentimento de levitação que se torna uma necessidade do organismo.

Quando digo que me afastei da essência do esporte, é porque passei a me exercitar apenas por vaidade, para ter um corpo bonito, e não pelo prazer. Aquilo começou a criar um vazio dentro de mim, e cada vez mais me via sem chão, apesar de a carreira de modelo estar em ascensão. Hoje consigo enxergar essas coisas, que estiveram sempre debaixo do meu nariz.

Sinto que sou uma pessoa melhor, capaz de transmitir aos outros uma mensagem positiva sobre os benefícios que o esporte traz. Além disso, posso também usar essa ferramenta como meio de inclusão social e, mais, como um instrumento para quebrar barreiras, que permita que as pessoas enxerguem o próximo por suas qualidades, pelo que ele pode oferecer, e não pela deficiência.

Agora que minhas metas esportivas já estão se realizando, estou cada vez mais próximo de tornar realidade uma ideia que tive de um programa de TV sobre esportes adaptados. Nele, eu sairia pelo mundo praticando modalidades com amadores e atletas que tiveram de superar dificuldades e se reinventar. É um programa que vai informar, quebrar barreiras e motivar quem precisa.

11 DE AGOSTO DE 2010

Sete meses atrás, decidi que participaria de uma prova de canoagem — até então conhecida apenas como "caiaque" por mim, que só havia praticado esse esporte por lazer. Logo que subi no barco, vi que meu futuro estava ali: aquele objeto, que tinha me proporcionado tanto prazer, seria agora o instrumento para as minhas conquistas. No meio daquela prova, um turbilhão de pensamentos veio à minha cabeça: a sensação da conquista pessoal, a possibilidade de me tornar campeão mundial da modalidade velocidade, a fase de adaptação e conhecimento do esporte... Hoje faltam nove dias para que eu consiga realizar esse propósito. A vontade aumenta e a ansiedade me corrói, mas de maneira positiva.

Quero provar para mim mesmo que sou capaz. Que, independente de qualquer limitação física, vou reunir forças para conquistar meu objetivo. Me sinto aberto para as conquistas, agora que o medo do abismo se foi. Já conheci o fundo do buraco, já sofri com a dor. E sei que uma coisa que não quero viver de novo é o arrependimento de não ter tentado — não apenas tentar, mas dedicar a vida, me entregar de verdade aos meus objetivos.

Só você pode saber o quanto se dedicou de verdade ao que desejava. E, no fim da guerra, cada tombo, cada topada e cada gota de sangue fazem valer a pena!

Hoje posso dizer que tenho uma vida feliz. Minha família está mais unida, e nossa casa virou um ponto de encontro de familiares e amigos. É um lugar com uma energia incrível, e sei que foi há um ano que isso começou a acontecer — decidir se seria feliz ou não, se continuaria atrás dos objetivos ou não. Na minha cabeça, a palavra "desistir" não existe. Talvez haja "recomeçar", sim, mas "desistir" jamais!

Por incrível que pareça, no começo do ano escrevi em uma folha de papel resoluções para o ano de 2010, e acredito que pelo menos setenta por cento delas foram realizadas. Algumas passaram por modificações, mas o principal eu consegui: me tornar um grande canoísta.

Em momentos mais íntimos, alguns amigos e parentes ainda insistem que voltarei a andar. Por que essas pessoas insistem em achar que só vou ser feliz se voltar a andar? Será que são infelizes e estão tentando projetar esse sentimento nos outros? Ou será que não seriam capazes de se superar e encarar uma situação como a minha?

Realmente não sei. Mas garanto que hoje estou bem e feliz. Sempre há dúvidas — que nunca vão deixar de existir —, e, quando você se propuser a se desafiar, sairá em busca de novos obstáculos, metas e barreiras a ser ultrapassados. Hoje me sinto muito mais confiante. Se a vida impõe limites, há limites que você impõe à vida.

4 DE SETEMBRO DE 2010

Mesmo depois de um ano vitorioso, em que consegui cumprir meu principal objetivo — me tornar campeão mundial de paracanoagem —, ainda não estou satisfeito. Esse esporte me consome, e tenho passado noites e noites sonhando com algo maior.

Eu me cobro muito, e às vezes é difícil lidar com algumas fragilidades do meu corpo. Quando algo ruim acontece, a pancada é bem maior, a febre logo chega, e levo uns três dias para me recuperar. Já percebi que esse é o mecanismo.

Daqui a um mês volto ao Sarah Kubitschek para fazer meu primeiro exame de rotina, exatamente um ano e cinco meses depois do acidente.

Nossa! Agora que parei para pensar que faz apenas um ano e cinco meses que me acidentei...

De fato me sinto como um jovem querendo conquistar o mundo, cheio de ansiedade e medo. Mas é aquele medo gostoso, desafiador. Estou lutando com unhas e dentes pelos objetivos traçados e, por incrível que pareça, o ano de 2011 já está quase todo planejado na folhinha de papel colada na porta do meu armário. Parece que deu certo a tática de lembrar das metas todos os dias e, no fim do ano, poder assinalar em cada uma o "X" de tarefa cumprida.

DEZEMBRO DE 2010

Foi um ano exaustivo, em que parece que meu corpo pediu arrego. Uma dor de dente me deixou alguns dias de molho, tomando remédios para amenizar o sofrimento. Essa história me lembrou vagamente as primeiras semanas pós-acidente, quando eu estava incapacitado de fazer o que queria e de sair da cama, com remédios de hora em hora e o tempo vago para pensar na vida.

Hoje, porém, depois de ter passado por tanta dor e sofrimento, o momento é diferente. Sei o gosto da derrota, mas também sei o delicioso sabor da vitória. Descobri o poder interior, de onde tiro forças para superar os obstáculos. Estou mais paciente e entendo que nunca conseguiremos estar o tempo todo no topo. Estar embaixo, no entanto, funciona como um momento de reflexão para analisar tudo que está ao nosso redor e reunir forças para a próxima batalha.

Já decidi que não vou mentir e muito menos me omitir da vida. Sei do meu papel como cidadão, como pessoa. E a cada passo que dou, a cada rodada, as coisas vão tomando uma proporção maior, e isso só me alimenta. Qual será o próximo desafio?

Defini minhas próximas missões e continuo em busca do inimaginável. A cada dia busco remar um caiaque mais estreito até chegar ao tão desejado K1 olímpico — um barco de competição com apenas 36 centímetros de largura por 5,2 metros de comprimento — e mostrar a todos que o limite está apenas na nossa cabeça.

Tenho certeza de que daqui a uns meses vou reler tudo isso e meus objetivos serão outros. Remar em mar aberto, pegar onda de caiaque, descer corredeiras. Não vou parar por aqui e sei o quanto fui abençoado por ser escolhido pela canoagem para representá-la.

Me aguardem.

Em 1983, com dois anos, no Clube Atlético Indiano. Como dá para ver, desde pequenininho eu já não largava a bola...

Cheguei a torcer para o Santos, mas acabei virando palmeirense não muito tempo depois. Coincidência ou não, esta foto é de 1984, justamente ano em o Santos foi campeão paulista pela 15ª vez.

Sempre gostei de competir em qualquer modalidade. Este foi um dos primeiros campeonatos de judô de que participei, na escola Aquarius, quando eu tinha seis anos.

A turma do "predinho" da Vila Mariana era bem variada, e eu era o menorzinho. No sentido horário, a partir de cima: eu, com dez anos, Pablo (que me ajudou a escrever este livro), Aninha, Camila (minha irmã) e Maria Cecília.

Aos quinze, eu já estava bem maior e fazia parte do time juvenil do Palmeiras. Começava aí a se desenrolar meu sonho de ser esportista profissional.

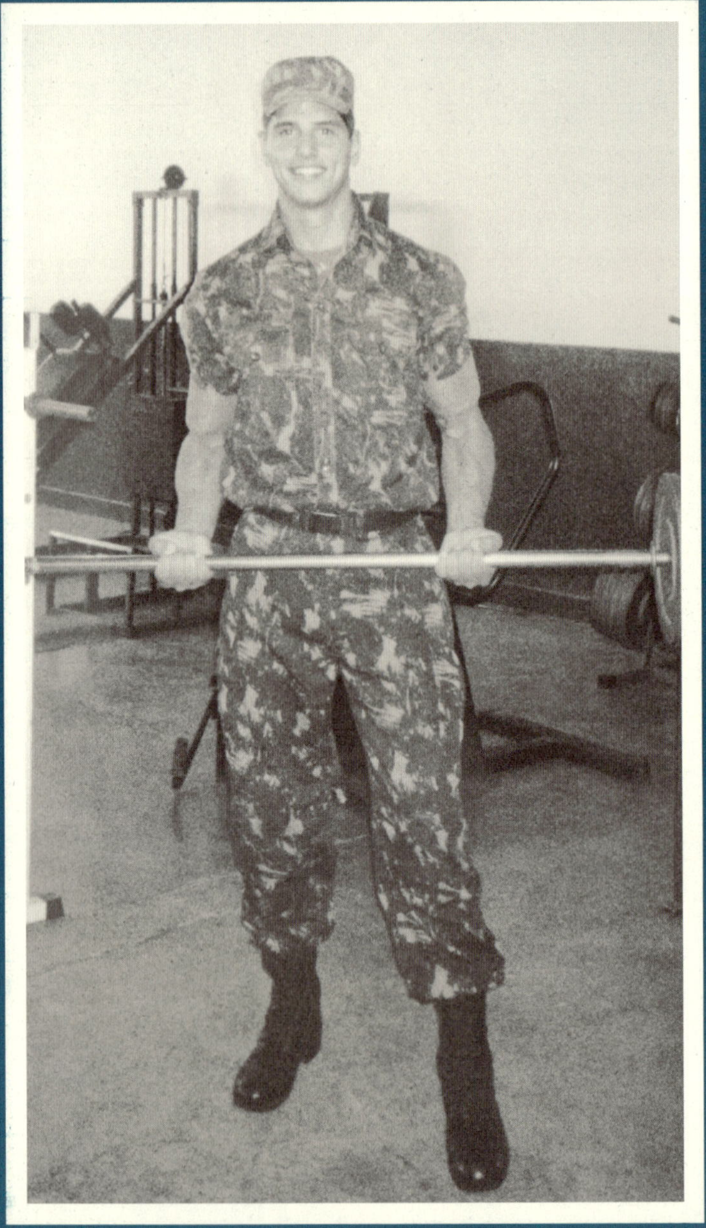

O ano em que passei no Tiro de Guerra de Guarulhos foi dureza, mas cheio de boas lembranças. Minha vida virou mesmo de ponta-cabeça quando fui escolhido para integrar o elenco do *Big Brother Brasil*, em 2002.

Venci na vida: agradecendo ao "Barbudinho" pela vitória no Mundial de Paracanoagem em Poznań, na Polônia. Foi o primeiro dos quatro títulos que ganhei entre 2010 e 2013.

Meu verdadeiro "escritório" é a raia da Universidade de São Paulo (USP): lá foi onde passei a maior parte dos meus dias nos últimos anos, fazendo meus treinos de paracanoagem.

Quem diria? Não participei como atleta, mas fui comentarista das Olimpíadas e das Paralimpíadas Rio 2016 pela Rede Globo.

PARTE 3
A VIDA PELA FRENTE

A ALTA

Eu lembro que, quando tomei consciência de que estava em um hospital, um misto de emoções tomou conta de mim. Teve a fase do delírio, de não entender o que estava acontecendo, de achar que estava sonhando. Depois, o momento em que me dei conta de que havia alguma coisa muito errada comigo. Meus familiares me olhavam com expressões de desespero e choro. Não parava de me perguntar o que tinha acontecido, e não recebia nenhuma resposta.

Dizem que minha lesão se agravou porque tentei me levantar e sair andando logo depois do acidente de carro. Não sei se isso aconteceu, porque até hoje continuo sem me lembrar de nada. Mas deve ter sido esse o momento em que a coluna, que já estava espatifada, se rompeu de vez e piorou o problema.

Depois de dez dias totalmente na horizontal, sem poder me sentar ou me levantar, minha ficha começou a cair. Não foi só desespero, mas um liquidificador de emoções. Medo. Muitas dúvidas. E agora? Sou um modelo e um atleta frustrado, cursando faculdade de educação física — três atividades que dependiam da boa forma física. O que vou ser da vida se as pernas não funcionarem mais? Não conseguia parar de pensar.

Mas foi nesse momento que encontrei uma resposta: eu tenho algo que ninguém vai me tirar, que é o esporte. Então vou trabalhar com tudo o que for possível. Foi quando comecei a me exercitar por conta própria. É claro que meu objetivo principal era voltar a andar, mas eu não pretendia parar minha vida toda só para esperar por esse momento.

Fiquei um mês internado no Hospital São Paulo, e o início da minha reabilitação aconteceu lá mesmo. Fiz fisioterapia para fortalecer os membros superiores com exercícios curtos de isometria, que estimulam combinações de grupos musculares. Antes, fiz fisioterapia passiva, em que movimentava e alongava os membros — essa foi a primeira etapa e eu a executava ainda deitado no leito do hospital.

A próxima fase foi fazer esses mesmos exercícios com o encosto da cama levantado. Isso tinha de ser bem gradativo, pois os músculos da região abdominal ainda estavam muito fracos e a coluna não estava consolidada. Depois, os movimentos foram executados sem o encosto, o que foi um enorme passo adiante.

Fui evoluindo aos poucos, a tontura foi diminuindo e os músculos ganharam força. Nas duas últimas semanas internado no hospital, surgiu a primeira peça--chave da minha reabilitação: o terapeuta Fábio. Eu já tinha iniciado a fisioterapia, mas foi ele quem me incentivou de maneira mais desafiadora — o que, no meu caso, foi bastante motivador.

Sempre adorei superar desafios, então uma frase que o Fábio falou ficou na minha cabeça (e hoje a utilizo bem mais do que antes da lesão): "Você tem muito mais capacidade do que imagina". Daí em diante, me lembrava disso toda vez que me exercitava e passei a nunca mais me contentar só com o exercício proposto. Foi também quando comecei a buscar minha independência. Parei de permitir que as pessoas realizassem as tarefas que estavam ao meu alcance — e, às vezes, até mesmo as que não estavam.

É claro que eu também não negava um mimo. Mas, quando se tratava de exercícios, minha concentração era total. Eu colocava o som nos fones de ouvido e pedia para que todos saíssem do quarto, pois sabia que aqueles minutos sozinho seriam responsáveis pelo meu futuro. Ou minha independência, já que, dali em diante, meus braços me levariam aos lugares, não mais as pernas. Os braços deveriam ter resistência e o tronco precisaria ser forte o bastante para me manter sentado.

Quando tive alta do hospital, entrei no carro da minha mãe e seguimos para casa. No meio do caminho, passamos por um local que me lembrava da juventude: o velho Parque Ibirapuera. Desde os doze anos, fui me exercitar no parque em boa parte dos dias da minha vida. Ali conheço cada buraco e consigo alcançar uma paz de espírito que não encontro em quase lugar nenhum dessa selva de pedra que é São Paulo.

O reencontro com o Ibirapuera foi um dos momentos mais emocionantes de toda essa fase, porque, naquele momento, eu não tinha certeza de nada. Quando e como eu poderia voltar àquele lugar para sentir o mesmo prazer de antigamente? Eu queria soltar as lágrimas, mas segurei o choro porque não queria mostrar para minha mãe que estava triste. Nem eu mesmo sabia qual sentimento era aquele — além da tristeza, alegria por poder reencontrar o sol, a vida e as coisas pequenas que não vi naqueles 35 dias que passei internado.

O PRIMEIRO BANHO

Um dia desses eu estava zapeando pela televisão e parei nesse filme fantástico que já havia visto algumas vezes, *O escafandro e a borboleta*. Uma cena especial me fez recordar da rotina no hospital, ainda no começo, quando tinha de tomar banho de "paninho" — o que era meio constrangedor e nem um pouco confortável.

Todos os dias, entravam no quarto duas enfermeiras com seus baldinhos com água e panos umedecidos. Aí iniciavam meu banho: rolavam o corpo para a esquerda e lavavam de um lado, depois rolavam para a direita e limpavam a outra parte. Era como um ritual, e eu me sentia um bebezinho de novo.

Às vezes, o simples toque já era o bastante para a dor aparecer. Por sorte, nem eu nem as enfermeiras queríamos prolongar aquilo. Elas tinham de limpar outros pacientes, tal qual um lava-jato. Era inverno, então confesso que o banho já não era uma coisa tão agradável. Foi assim durante dias, até chegar o grande momento de tomar meu primeiro banho sentado.

Até então, eu não tinha saído do meu porto seguro, que era a cama do hospital. Às vezes me sentavam, sempre devagar, pois as dores na região lombar e abdominais eram enormes. Os músculos dessas áreas não estavam preparados para equilibrar meu tronco, já que, da cintura para baixo, eu praticamente não sentia músculo algum. Nunca pensei que seria tão difícil sentar em uma cadeira. Acho que chamaram umas seis enfermeiras para me carregar. Eram tantas mãos para ajudar que mais fiquei assustado do que seguro. Pega daqui, segura de cá. Um, dois, três e...

As mãos agarraram meu corpo e o transferiram para a cadeira de banho. Imediatamente a cabeça começou a girar e a visão escureceu. Mas eu não queria apagar de jeito nenhum. Meu coração batia acelerado e o suor escorria pelo corpo como uma cachoeira. As luzes começaram a sumir e tudo foi ficando turvo.

Era uma sensação horrível a de lutar contra o desmaio. Essa tortura durou cerca de quarenta minutos, tempo que levei para conseguir ficar bem na cadeira. Já me sentia desidratando de tanto que suava. Tinham de passar a toalha no meu corpo para me secar — e eu ainda nem havia chegado ao chuveiro. Foi uma batalha terrível, mas que acabei vencendo: segurei o blecaute total e fui levado para o banheiro.

Finalmente estava debaixo da ducha. Alívio. A água caía pelos ombros e me revigorava instantaneamente. Que sensação estranha e indescritível essa mistura de dor e prazer.

REUNIÃO FAMILIAR

Uma das poucas lembranças que tenho das horas após o acidente, ainda meio grogue, foi abrir os olhos e me deparar com muitas pessoas da família ao meu redor. Parentes que eu não via havia bastante tempo. Sempre que penso naquela imagem, lembro também outros bons momentos.

    Nas férias de infância, eu sempre visitava a família da minha mãe, em Brotas, São Paulo, ou do meu pai, em Uberlândia, Minas Gerais. Até os doze anos, passei muitos Natais em Brotas. Todo ano eu jogava um campeonato de futebol de salão da cidade e aproveitava para visitar o sítio do meu primo Fabinho. Me lembro de montar em carneiro e tomar cabeçada de bode quando a gente brincava de atravessar o curral correndo.

    Em Uberlândia eu passava feriados, Réveillon e as férias de janeiro. A casa da minha tia tinha um clima marcante de ambiente familiar e era onde todos se encontravam. Tenho um monte de primos mais velhos, então convivia mais com as filhas deles, minhas primas de segundo grau, que têm a minha idade. Uma delas, a Carolina, coitada, tem até hoje uma cicatriz por culpa minha: em uma brincadeira de pular de um móvel para o colchão, dei um empurrão sem querer e ela caiu de boca em uma mesa. Até hoje reclama disso.

Durante meu tempo no Hospital São Paulo, tive muitas visitas em que a família se reuniu para passarmos longas tardes juntos. Meus avós maternos teriam ficado bem orgulhosos, já que isso só acontecia nas antigas festas de fim de ano em Brotas. Com a morte deles, essa tradição foi se perdendo, e aos poucos nos distanciamos.

Perdi minha avó Rumilda, mãe da minha mãe, na época em que estava no reality show. Ela adquiriu um câncer que foi degenerando seu corpo rapidamente. Ainda tive tempo de me despedir dela, que fazia minha comida predileta — filé acebolado bem macio com feijão — com todo o carinho do mundo. Quando a visitei no hospital, ela estava muito magra e lutando contra a doença. Na parede do quarto havia uma foto grande minha, que ela mostrava com orgulho para todo mundo, dizendo "esse é o meu neto".

Meu querido avô Oswaldo, aquele que sempre vinha com um presentinho a mais para mim no Natal escondido dos outros netos (e pedia para que eu não contasse a ninguém), ficou muito sozinho depois do falecimento da minha avó.

Lembro as palavras singelas dele: "E agora, como vou viver sem sua avó?". Realmente, seria muito difícil continuar seus últimos anos de vida sem ter a velha companheira ao seu lado. Preocupados, começamos a planejar a melhor forma de trazê-lo para São Paulo para viver conosco — na verdade, com minha mãe, pois nessa época eu morava no Rio de Janeiro.

Não muitos dias depois da morte da vovó, meu avô dormia quando escutou baterem na sua porta em plena madrugada. Como o velho guarda portuário de um metro e oitenta que era, muito viril, ele não tinha medo de nada. Quando abriu a porta, foi surpreendido por dois jovens que invadiram a casa e o atacaram. Prefiro não pensar no que fizeram com ele, mas sei que o machucaram bastante. Alguns dias depois, minha mãe ligou para contar que meu avô estava muito mal.

Telefonei para ele no hospital e, assim que começamos a conversar, senti que estava muito emocionado e imaginei suas lágrimas desabando. Foi a primeira e a última vez que testemunhei meu avô chorar. Ele estava muito ferido, não só por fora, mas também por dentro, talvez pela sensação de incapacidade que experimentou quando foi agredido covardemente. Com poucas palavras, prometi que iria atrás das pessoas que tinham feito isso com ele. Foi a última conversa que tivemos. Dias depois, meu avô faleceu.

Viajamos a Brotas para a despedida. Na casa dele, encontramos um ambiente revirado. Na mesma sala onde nos reuníamos no Natal, achei uma foto antiga minha, rasgada ao meio e colada com durex. Os sujeitos devem ter pensado que naquela casa havia dinheiro só porque os moradores eram parentes de uma "celebridade". O mesmo reality show que me deu projeção nacional foi também a causa da inveja de pessoas ruins.

Só sei que fiquei incomodado de dormir lá e passei a noite com os ouvidos na janela, com medo de que algo também pudesse acontecer com minha mãe e minhas tias. Passamos alguns dias na casa até darmos o adeus final ao meu avô. E, com muita luz, deixei para Deus o julgamento que aqueles sujeitos mereciam.

VOLTANDO PARA MIM MESMO

Foi o dr. Aécio, quando eu ainda estava internado no Hospital São Paulo, quem me contou sobre uma clínica pública em Brasília chamada Sarah Kubitschek, mantida pelo governo federal e especializada na reabilitação de pacientes com problemas locomotores. Eu não conhecia e não sabia direito o que esperar, mas estava disposto a tentar de tudo. Decidi por conta própria que era para lá que eu deveria ir se quisesse realmente reorganizar o corpo e a cabeça.

Como dá para imaginar, minha vida logo depois de sair do hospital não foi fácil. Meu pai morava em um apartamento de dois quartos com minha madrasta e meu irmão, enquanto minha mãe vivia em outro muito pequeno, apesar de ter três andares, e, para piorar, tinha escada em caracol. Foi para lá que eu fui. Puseram uma cama no meio da sala, puxaram uma mangueira do banheiro de cima e a fixaram no lavabo. Esse seria o "chuveiro" que eu usaria enquanto estivesse morando ali. Aquele segundo mês de lesão foi o mais difícil, porque eu não tinha mais o auxílio dos enfermeiros e era totalmente dependente para qualquer coisa. Não conseguia fazer tarefas básicas sozinho, então passava o dia deitado na cama. Nem na cozinha do apartamento eu conseguia entrar.

Meu espírito inquieto não deixou que eu me acomodasse por muito tempo, então comecei a me propor desafios. O que antes era uma simples caminhada pela rua passaria a ser uma rota cheia de obstáculos e medos — mas eu não podia me abater por esse tipo de barreira. Precisava enfrentá-las.

Acompanhado do meu pai, decidi que me deslocaria até uma loja de produtos esportivos a seis quadras da minha casa. Pode parecer pouco, mas, naquele momento, percorrer aquele trajeto em uma cadeira de rodas foi como vencer uma maratona. As calçadas eram irregulares e tão esburacadas em certos pontos que me obrigavam a seguir pela rua, desviando dos carros estacionados. Cheguei ao destino exausto, mas com uma sensação de dever cumprido.

Finalizando o desafio, escolhi produtos que pudessem me ajudar no processo de reabilitação. Eu tinha certeza de que, com o esporte, conseguiria voltar à minha forma, então, além de bermudas, comprei uma bola de handebol e uma corda elástica. Voltei para casa pelo mesmo árduo caminho, olhando para os lados e com vergonha de encontrar conhecidos que me veriam naquela situação. Mas eu sabia, lá dentro, que aquele era um ato de muita coragem e grandeza, que já me motivava para os próximos desafios.

Com a ajuda do fisioterapeuta, eu praticava os exercícios que havia escolhido para recuperar força muscular. Comecei a treinar com pesos de um quilo — se antes eram usados para aquecimento, naquele momento equivaliam a levantar um prédio. Mas a dificuldade também me dava um enorme prazer, então passei a fazer não apenas um, mas dois períodos de treinamento. De manhã, descia sozinho no prédio, colocava os fones e fazia uma sessão de treinos com a bola de handebol: por cerca de uma hora, simplesmente a arremessava na parede e pegava de volta.

Tudo isso foi me dando uma consciência muito mais aguda do meu próprio corpo, porque comecei a reestimular alguns músculos que estavam parados devido ao período de internação. Passei a sentir os músculos abdominais e alguns da região da cintura, o que me ajudaria a ficar equilibrado quando estivesse sentado. Tanto que, quando cheguei ao Sarah Kubitschek, os médicos não acreditavam: "Dois meses de lesão e você está com essa condição física?", perguntaram.

Essa também foi uma fase da mais pura ansiedade. Eu não via a hora de ir a Brasília, pois tinha em mente o objetivo de andar de novo e não queria perder um dia que fosse. Sabia que precisava me internar logo no Sarah, porque, se ficasse em São Paulo, teria que fazer todo mundo mudar a rotina para se adequar ao meu estado. A primeira coisa que passa pela cabeça de quem se torna deficiente é a forma como as pessoas vão te olhar. Você se sente menor, inferiorizado. Eu não me sentiria bem se dependesse de alguém para me levar aos lugares, e as oportunidades seriam menores ainda morando em uma cidade tão grande.

No Sarah, eu sabia que teria mais tempo para me reencontrar. Queria alcançar em meses o que as pessoas normalmente esperam conseguir com anos de recuperação. Nesse intervalo, eu precisaria voltar — ou a andar ou a me sentir gente, na condição que fosse.

Mas, antes de viajar, ainda tive de me recuperar de mais um problema: uma lesão no cóccix, especificamente uma escara (úlcera de pressão) causada pela falta de circulação sanguínea numa região apoiada por um longo período. Apenas quando a ferida fechou pude enfim ser transferido para Brasília. Mas avisei minha mãe que de jeito nenhum voaria deitado na maca; eu iria sentado, como qualquer passageiro do avião.

O voo foi curto, mas minhas dores imensas e constantes contribuíram para que aquela parecesse a viagem mais longa da minha vida. Mas eu sabia que precisava ultrapassar mais essa etapa se quisesse chegar a algum lugar.

FRED E DIANA

A canoagem surgiu em um momento em que tudo era dúvida na minha vida. Eu não sabia de nada — o que seria, como seria, o que eu faria dali em diante. Só tinha uma certeza: precisava procurar caminhos para me reencontrar — e isso incluía a minha sensação de capacidade.

Mais do que isso, eu precisava reencontrar a liberdade que havia perdido. E algo especial aconteceu no exato momento em que me sentei numa canoa pela primeira vez. Com algumas poucas remadas, senti um negócio diferente despertar. As dificuldades que eu tinha em terra firme sumiam como mágica. Eu estava leve, livre.

Eu nunca havia sentido nada parecido depois de sofrer a lesão. Foi como despertar para uma vida nova. Me lembro de que, naquele dia, pensar com absoluta certeza: "É isso que eu quero para mim". Ao mesmo tempo, parecia que Deus estava falando ao meu ouvido: "Meu filho, essa é para você". Hoje falo com a mesma firmeza daquele dia: a descoberta da canoagem foi o acontecimento mais importante da minha vida depois do acidente.

Tudo começou na primeira fase da reabilitação no hospital Sarah Kubitschek. No total, fiquei lá por seis meses, sendo que inicialmente a previsão era de apenas três. Pedi para a psicóloga: "Só quero sair daqui quando estiver pronto para enfrentar o mundo, porque a imprensa vai me cobrar e as pessoas vão querer saber da minha situação". Garanti que eu iria embora no momento em que me sentisse bem física e psicologicamente, mas também quando compreendesse meu novo papel na sociedade.

Então, me seguraram no Sarah o máximo que conseguiram. Para começar, passei um mês no setor Sarah Centro, que é onde selecionam pacientes com "cabeça boa" para mandar para o setor Lago Norte, destinado a pessoas mais dispostas a arriscar. Se você chegar e disser "Quero voltar a andar, mas se não for possível quero reaprender a fazer as coisas do dia a dia", eles já identificam outra forma de pensar. Porque voltar a andar muitas vezes não depende de você nem de ninguém — é uma incógnita.

Os orientadores do Sarah estimulam você a ser competitivo — porque a vida é competitiva —, mas de uma forma saudável. Os pacientes escolhem programas de exercícios baseados no que dá mais prazer ao paciente. Testei tudo o que eles me ofereceram: corri de cadeira de rodas, joguei basquete, tênis, tênis de mesa e experimentei uma canoa canadense, com um flutuador do lado e dois bancos de plástico, para ficar totalmente estável.

De todas essas modalidades, a corrida parecia algo em que eu me encaixaria naturalmente. Mas foi a canoagem que mexeu comigo desde o primeiro segundo. Eu parecia destinado a fazer aquilo, era fácil. E a cada nova tentativa eu experimentava a mesma sensação deliciosa, de poder ir e vir sem limitações. Fui ficando mais desenvolto, chegava a remar quase quatro quilômetros a cada sessão e até tirava racha com os professores do Sarah. Sentia a sonhada liberdade que a falta de mobilidade me tirava.

Naquele momento, entretanto, eu já havia pensado em outro grande projeto. Desde as primeiras semanas de Sarah Centro eu estava convencido de que precisava enfrentar um desafio grande, para me testar de verdade. E, para mim, era claro que ele só viria por meio do esporte.

Na parte de trás do hospital havia um estacionamento que eu usava para correr com a cadeira de rodas, ainda que não fosse o local apropriado para isso. A cada tentativa eu aumentava a distância percorrida, o que ia me deixando bem animado. Um dia, consegui completar três quilômetros! Pensei: "Preciso de um desafio mais intenso do que esse". Era setembro, então o que eu poderia tentar nos meses seguintes?

Veio o estalo: a Corrida de São Silvestre seria em dezembro! O que me impediria de participar? Na minha cabeça, aquele parecia um plano perfeitamente possível: se consigo fazer três quilômetros agora, para os quinze da corrida só faltariam doze! Era esse o teste de que eu precisava. Estava decidido.

Acordei no outro dia e contei minha decisão para a Alessandra, professora de educação física do hospital: "Alê, quero participar da São Silvestre no último dia do ano". (Um detalhe: eu tinha apenas três meses de lesão e estava com oito pinos na coluna.) Os olhos dela brilharam: "Você é maluco, menino?".

Mas não teve jeito. Eu sabia o que queria e nada me faria mudar de ideia. Mas por que justamente a São Silvestre? Eu sentia uma verdadeira obrigação de me arriscar em algo que me provasse minha capacidade física. Mesmo descrente, a equipe do Sarah Centro respeitou minha vontade e continuei com os meus treinos. O tratamento servia para mim, mas até certo ponto. Eu precisava de mais. Afinal, terminar a competição de rua mais famosa do país tinha se tornado a missão mais importante da minha vida até então.

A Alê começou a dizer que eu provavelmente seria mandado logo para o Sarah Lago Norte, mais adequado para a reabilitação, e que lá eu teria mais infraestrutura para os treinos. Além disso, eu poderia conhecer um cara que trabalhava lá e com quem certamente ia me identificar: "O Fred vai gostar da sua intensidade. Ele parece até ser seu irmão gêmeo!", ela falou.

Fui transferido para o Lago Norte em outubro. Na consulta de admissão, repeti meu discurso aos médicos: "Meu objetivo é voltar a andar, claro, mas antes eu quero correr a São Silvestre". Na hora, ouvi vários conselhos, nenhum muito encorajador. "Calma, você acabou de se lesionar"; "Tem que ter paciência, isso é um processo"; "Se fizer uma prova de quinze quilômetros pode ter tendinite, lesão no punho." Mas isso não me desanimou.

No dia seguinte, enfim, conheci a pessoa que a Alê havia me recomendado. Frederico Ribeiro, o Fred, seria o educador físico responsável pela minha avaliação corporal e daria continuidade aos meus treinamentos. Boa praça e afável, causou em mim uma empatia imediata. Ele já sabia dos meus objetivos futuros (tinham contado para ele).

Abraçando a ideia, Fred começou a exercer imediatamente seu papel-chave na minha reabilitação: "É o que você quer? Então seu tratamento vai ser voltado para isso. Mas de forma controlada, com responsabilidade". Era dia 13 de outubro e faltava pouco mais de dois meses e meio para o aguardado 31 de dezembro. No nosso reencontro no dia seguinte, ele trouxe uma planilha com uma programação de treinamentos para treze semanas, sendo onze até o dia da corrida e mais duas posteriores à prova, regenerativas.

Meu acordo com o Fred era de confiança mútua. Ele não podia me dar atenção ininterrupta, porque tinha outros pacientes para cuidar, e me perguntou: "Você se anima a chegar meia hora mais cedo para treinar comigo?". E pontualmente eu estava lá, pronto para o compromisso. Daí em diante passei a me ver como um atleta em busca de um objetivo, e cada dia havia uma nova conquista nesse sentido. Fred me dava forças e motivava todos os dias para que eu cumprisse o grande desafio que eu mesmo havia me imposto.

O corredor principal do Sarah Norte foi minha pista de treinamentos. Diariamente, eu colocava o som bem alto nos fones e corria sem descanso, de um lado para o outro. Se não tomasse cuidado, podia atropelar as muitas pessoas que passavam por ali. Na primeira semana, fiz quatro quilômetros, ou seja, oito idas e voltas na "pistinha". Na segunda, já tinha aumentado para doze voltas. Na terceira semana — que acabou sendo a minha última naquele setor do hospital —, eu já completava dezesseis voltas, cerca de oito quilômetros.

Com o tempo, conseguimos autorização para treinar nas ruas próximas também, já que o Sarah Norte fica localizado em uma área muito tranquila de Brasília. Três vezes por semana, pelas manhãs, fazíamos uma corrida de sete quilômetros ou mais pelo asfalto. As mãos eram só bolhas e esparadrapos. Eu também realizava treinos de musculação e fisioterapia para que, ao mesmo tempo que ganhasse boa condição aeróbica, pudesse desenvolver força e o alongamento. Era importante para que os tendões e músculos dos membros inferiores, ou seja, justamente onde não tenho sensibilidade, não enrijecessem.

O Fred também estimulava os pacientes a fazerem provas de outras atividades esportivas fora do Sarah. Cheguei a participar de uma de revezamento em Brasília com a Mayara, uma paciente tetraplégica do hospital, que nadou 750 metros enquanto eu completei cinco quilômetros de corrida. Apesar de todo aquele esforço, minha cabeça não parava de refletir sobre a lesão e o meu futuro. Os treinos para a São Silvestre estavam a todo vapor, mas a canoagem nunca saía dos meus pensamentos.

Não sei se eu descobri sozinho ou se foi o Fred quem me falou primeiro sobre a Diana Nishimura. Fundadora da escola de canoagem Canuí, que funciona dentro do Clube Naval de Brasília, ela dava aulas e organizava as principais competições da região. Parecia a pessoa certa para me orientar. Quando peguei o telefone e liguei para a escola, não imaginava que estava prestes a conhecer outra pessoa-chave para a minha reabilitação.

A própria Diana atendeu e me apresentei como Fernando — nem falei meu sobrenome ou quem eu era:

"Oi, eu soube que você dá aulas de canoagem e gostaria de fazer."

"Você já fez canoagem?", ela perguntou.

Eu disse que não, mas que estava interessado em tentar. Só que tinha um "probleminha": contei que tinha sofrido um acidente fazia seis meses e que estava na cadeira de rodas.

"Perdi o movimento das pernas, não sinto nada da cintura para baixo. Tem algum problema?", perguntei.

Ela pensou por uns três segundos antes de gaguejar a resposta.

"Não, não. Chega aqui que a gente vê."

"É você?" Diana me reconheceu (da televisão, talvez) e se mostrou surpresa no nosso primeiro encontro no Clube Naval, mas não ficou intimidada pelo desafio que propus. Pelo contrário, falou que, se eu queria mesmo praticar canoagem a sério, então teria de pôr mãos à obra. Sem enrolação, ela começou a pensar no caiaque que eu usaria. Testamos diversos tipos, e eu não entrava em nenhum — eram todos muito estreitos e eu não teria controle. Acabamos escolhendo um caiaque duplo gigante de 45 quilos, o único que me daria a estabilidade necessária e em que meus pés e pernas cabiam — elas precisam estar esticadas em hiperextensão para me oferecer segurança e equilíbrio. "A partir de hoje, seu caiaque é esse!", ela disse.

Diana passou a remar comigo todas as terças, quintas e sábados de manhã. A cada dia, o tesão por esse esporte tomava mais conta de mim. Eu estava aprendendo a remar em um "caminhão" que pesava o dobro de um caiaque individual e tentava acompanhar os caras que já praticavam havia tempos. Isso fez minha remada ganhar força e me estimulou muito. Enquanto a cabeça estava concentrada na São Silvestre, o coração ficava cada dia mais tomado pela canoagem.

O detalhe é que eu ia para o Clube Naval em segredo, achando que ninguém do Sarah sabia — eu dizia que estava indo almoçar, mas chamava o táxi e seguia para lá. Para não levantar suspeitas, voltava e escondia a roupa suja. Um dia, o caiaque virou no meio do lago e precisei nadar até a margem. Quando voltei ao hospital, não tive mais como esconder.

Eles sempre desconfiaram de que eu estivesse fazendo alguma atividade externa, mas não sabiam exatamente o que até meus tênis molhados me denunciarem. Na reunião com os médicos, disseram que não podiam liberar que pacientes fizessem exercícios fora, porque afinal eu estava sob responsabilidade do hospital. Organizaram até uma junta médica para decidir se aceitariam ou não a minha opção. Por fim, aprovaram, e continuei a treinar canoagem com a Diana ao mesmo tempo que me preparava para a São Silvestre com o Fred.

Se há dois personagens fundamentais na minha vida, são eles. O primeiro me estimulou a me reencontrar como pessoa e acreditou em mim quando eu mais precisava. A segunda me mostrou o valor daquele esporte e, consequentemente, o caminho da minha vida. Eu precisava de pessoas que me enxergassem como atleta, como alguém cheio de disposição, não como um cadeirante coitado. Se hoje estou onde estou, é porque eles sempre acreditaram que eu poderia.

A VOLTA

Ao longo das onze semanas de treinamento para a São Silvestre, a canoagem foi assumindo paralelamente um papel cada vez maior na minha vida. As aulas com a Diana Nishimura estavam tendo o efeito que eu esperava: ampliavam a sensação de liberdade que a canoagem me oferecia, ao mesmo tempo que me embriagavam da adrenalina proporcionada por um novo esporte competitivo. O próximo passo? Participar de uma prova de verdade.

Escolhi então o meu primeiro desafio real na canoagem: uma maratona de doze quilômetros que aconteceria no Clube Naval, em Brasília, no dia 4 de dezembro de 2009. Como eu já havia feito até quatro quilômetros com a canoa canadense do Sarah, acreditei que doze estaria ao meu alcance. Mentalizei o momento e consegui me enxergar completando o percurso a bordo de uma canoa dupla.

No dia da prova, cheguei horas antes da largada e fui me adaptando ao ambiente totalmente novo para mim. Notei olhares curiosos, pois naquele tempo cadeirantes não costumavam participar de competições de canoagem. O senso comum é que é um esporte que exige muito das pernas para manter o equilíbrio, já que os caiaques são muito estreitos e viram com facilidade. Eu faria a prova acompanhado de um atleta que já remava há muito tempo, em um caiaque oceânico (tem esse nome porque se usa no mar) duplo, largo e estável, mas também muito pesado.

Estava inseguro, mas no momento em que me ajeitei e a largada foi dada, me senti muito confiante. Percebi que era capaz de superar qualquer outro atleta, com deficiência ou não. Entendi na hora uma frase que os atletas dizem muito: "Agora entrou no sangue". Era como se, daquele momento em diante, eu conseguisse avistar no horizonte a missão para a qual eu me entregaria nos próximos anos.

Eu nunca tinha remado competitivamente na vida, então o desafio era enorme. Mas eu estava com tanto sangue nos olhos que, faltando três quilômetros para a chegada, falei para o meu parceiro: "Vamos dar um 'tiro' agora para tentar pegar os caras lá na frente!". Eu era o único lesionado na prova. Na verdade, naquele momento era o único cadeirante do Brasil a competir na canoagem. Esse dia fez o "monstro" despertar em mim, porque me vi enfrentando atletas que não tinham qualquer lesão. E lá estava eu, remando sem cansar. A vontade era tão grande que eu nem sentia dor.

Completei a prova com aquela vontade de "quero mais" e me senti acordando para a vida. A quarta colocação não me deixou satisfeito, mas nem me importei muito com a posição. O fato é que ultrapassei e enfrentei um monte de gente de igual para igual. Compreendi a possibilidade de paridade competitiva proporcionada pela canoagem.

O inesquecível 4 de dezembro de 2009, exatos cinco meses depois de sofrer a lesão, marcou a minha volta ao esporte competitivo e o meu primeiro teste verdadeiro como canoísta. A liberação de endorfina, aquela sensação de enorme prazer que sentimos quando acabamos de praticar um esporte, fez meu corpo levitar de êxtase. A canoagem tinha me proporcionado uma proximidade com a natureza, um sentimento de grandeza, de igualdade e, principalmente, de superação, aliando esforço físico bruto com técnica. Esse seria o esporte que me traria muitas alegrias, por meio do qual poderia dividir minhas vitórias com todos os que necessitassem de motivação para sair do lugar. Mas eu ainda teria um grande desafio a enfrentar em outra modalidade.

O ÚLTIMO SERÁ O PRIMEIRO

O último dia de 2009 me proporcionou o momento mais importante — e dolorido — da fase de redescoberta pós-acidente. Eu praticava muitas atividades físicas e estava cada vez mais encantado pela canoagem, mas participar da corrida de São Silvestre, em 31 de dezembro, foi marcante demais. No Sarah Norte, eu seguia religiosamente o treinamento planejado pelo Fred e, faltando poucos dias para a prova, já conseguia "correr" os quinze quilômetros. Mas havia um problema a ser resolvido: eu usava minha cadeira do dia a dia para treinar, não uma própria para esse tipo de corrida — que, além de ter um formato especial, deve ser feita sob medida para cada atleta.

Começou então o desafio de arrumar a ferramenta apropriada. Acabei encontrando duas pessoas, o Carlinhos e o Parré, que tinham uma pequena oficina de cadeiras de rodas. Parré foi atleta da seleção paralímpica de atletismo. Eles foram supersolícitos e me emprestaram uma cadeira que não estava em uso, porque eu não tinha dinheiro para comprar a minha (o preço era em torno de 12 mil reais). Também era quase impossível trazer uma do exterior no tempo que tínhamos disponível — não havia fabricação no Brasil daquele tipo de modelo.

Preparado física e mentalmente, peguei o avião para São Paulo para passar as festas de fim de ano com a família. Estava feliz de reencontrar meus pais e amigos, e o carinho me fortaleceu, mas confesso que só conseguia pensar na corrida — e também na minha nova cadeira, que ainda nem havia chegado.

A cadeira foi enviada pelo correio e só foi entregue no dia 30 de dezembro. Na hora de testá-la, no Parque Ibirapuera, surgiu outra questão: eu não estava familiarizado com um equipamento de competição como aquele, com uma roda a mais na frente. Mal sabia como usar ou sentar direito, nem onde colocar cada pé. Foi uma avalanche de improvisos. Amarrei os pés como deu, arrumei um par de luvas de motocross e lá estava eu, todo errado para a prova.

Enfim chegou o dia do maior desafio da minha vida até então. Antes do acidente, eu raramente corria quinze quilômetros. Agora faria essa distância com os braços. Mas um choque de realidade aconteceu chegando à avenida Paulista. Observando outros atletas lesionados, notei que meu posicionamento na cadeira estava errado e que as luvas de motocross durariam apenas alguns minutos. Alguns sugeriram que eu amarrasse melhor os pés e comprasse esparadrapo para proteger as mãos — e assim o fiz. Segui os passos de outros competidores. O que eles faziam eu tentava fazer também.

Na São Silvestre, os cadeirantes largam antes e os outros competidores um pouco depois. Pronto para a missão, alinhei a cadeira e respirei fundo. Hoje enxergo aquele momento da largada como um dos mais emocionantes que já experimentei, pois me proporcionou uma reflexão profunda. Apesar do calor — literal — do início da prova, vi um filme na cabeça, que me permitiu relembrar todo o meu caminho até aquele ponto e pareceu me dar mais forças para aguentar o que viria.

Dada a largada, dois atletas dispararam na frente. Fui firme no segundo pelotão, não queria ficar para trás. Chegando ao final da Paulista, virei à direita e dei de cara com a ladeira da rua da Consolação. A cadeira começou a pegar velocidade e fui me desesperando, pois não sabia como frear em uma descida. Deslizando muito rápido, percebi que o freio ficava nas rodas dianteiras. Só que, se eu freasse naquela velocidade, capotaria, com toda a certeza. Como ia parar, então? Olhei para o lado, vi um atleta golpeando as rodas traseiras com as palmas das mãos para desacelerar e decidi imitar o movimento. Só que as luvas dele eram profissionais, e as minhas, improvisadas. Dei uma, duas batidas, e, na terceira, a cadeira enfim freou... Senti um "quentinho" se espalhando pelos dedos. Minhas luvas tinham se desintegrado e as mãos estavam em carne viva!

O cansaço chegou na passagem pelo Minhocão. A sensação de derreter só aumentava por causa da proximidade do rosto com o chão, ainda mais quente naquele calor terrível do verão paulistano. Parecia um forno ao ar livre, e eu pingava. Os ferimentos nas mãos ardiam e sangravam e comecei a ser ultrapassado por quase todo mundo. Como meu objetivo era pelo menos completar a prova, fui em frente.

Praticamente exausto, dei de cara com o pior momento da corrida: a temida avenida Brigadeiro Luis Antônio e seu quase um quilômetro de subida absurda. Sabia que era a última batalha e tirei forças lá do fundo, como se minha vida dependesse daquilo. Ao final da Brigadeiro, virei à direita e visualizei a linha de chegada lá na frente. O coração disparou de emoção. Seis meses depois da lesão, com oito pinos na coluna, sem saber o que faria da vida, eu conseguia completar aquele teste de capacidade, o desafio monstruoso a que havia me proposto.

Faltava pouco. Peguei embalo nos últimos metros da Paulista, até que escutei um ruído esquisito e senti a cadeira ficar pesada: o pneu da frente esvaziava, ficando murchinho. Parei, respirei e olhei para o céu: "Qual é, Barbudinho? Está me testando mesmo, né? Se é assim, então vamos lá". Não pensei duas vezes: arranquei o pneu e segui adiante, na raça, literalmente arrastando a roda até enfim cruzar a chegada... em último lugar. Mas foi a "vitória" mais importante da minha vida.

Meus pais e amigos choravam de alegria e me abraçavam, orgulhosos por eu ter dado mais um grande passo. Mostrei a eles que, independente da cadeira de rodas, eu conseguiria ir em frente. Foi na corrida de

São Silvestre que me enxerguei finalmente como gente. Mais que isso, foi quando compreendi que eu poderia fazer tudo o que quisesse — mesmo que tivesse de viver sentado.

"QUERO SER CAMPEÃO"

No início de 2010, eu pesquisava sobre canoagem na internet quando encontrei um vídeo que me chamou a atenção. Era uma garota portuguesa chamada Carla Ferreira que, mesmo com as limitações da paralisia cerebral, praticava canoagem adaptada. Franzina, magrinha, ela anda toda torta e tremendo. Mas conseguia remar. Pensei: "Se essa menina rema, então eu também posso". Além do mais, eu tinha descoberto que o torneio mundial de canoagem adaptada aconteceria em agosto, dali a menos de seis meses. Assim, fui juntando as peças.

Não demorei a enfiar na cabeça que participaria desse campeonato de qualquer jeito. Mas não tinha ideia de como começar, qual o caiaque apropriado, não sabia de nada. Mergulhei no computador de novo e descobri o nome da marca favorita dos profissionais: Nelo. Mandei uma mensagem para a empresa contando a minha história em versão resumida: sou modelo da Dolce & Gabanna com campanha rolando na Europa (até mandei a foto para provar), sofri um acidente, estou fazendo canoagem e me interessei por seus caiaques de competição. Na cara de pau, apertei o "enviar" sem esperar resposta. E não é que me responderam em três dias? "Legal, você é aquele modelo? Que bacana!" Para mostrar que eu falava sério mesmo, mandei um vídeo em que apareço remando um barco duplo. O cara ficou amarradão e propôs: "Venha para Portugal que te daremos um caiaque especial".

Nas primeiras semanas de treinos com a Diana Nishimura, eu utilizava um caiaque duplo oceânico de 45 quilos que me oferecia um grande equilíbrio. Já em fevereiro me senti pronto para avançar e comecei a treinar em barcos de competição, um intermediário do caiaque de velocidade que as pessoas normalmente levam anos para aprender a usar — e não meses, como foi o meu caso.

Aquela foi uma transição importante. Sair de um porto seguro, uma "banheira" impossível de virar, e encarar um caiaque bem menor e instável. As pessoas não acreditavam: como é que um cara que não sente as pernas consegue dar esse passo? O meu nível de concentração se multiplicou por cem, porque eu tinha em mente que, se virasse, teria de nadar por quase uma hora para voltar à beirada do lago. Determinei que as coisas dariam certo e que pensar no erro estava fora de cogitação. "Vou remar e não vou virar" se tornou meu mantra de fortalecimento psicológico naquele momento.

Em março, chegou a hora de deixar o Sarah e me mudar de Brasília. Pedi à Diana que me ajudasse a encontrar alguém para me treinar em São Paulo. Ela ligou para um conhecido, que disse que nunca havia trabalhado com cadeirantes e que não tinha foco em competição. Tentamos em outro lugar, mas também não deu certo. Simplesmente não havia um único lugar para praticar canoagem adaptada na maior cidade do Brasil!

O detalhe é que, apesar de novato nesse esporte, eu estava muito bem condicionado fisicamente — até fazia barra sentado na cadeira de rodas. Treinava forte, todos os dias, com o foco e a cabeça de um atleta profissional. Dizia para as pessoas: "Eu vou disputar esse mundial". E escutava de volta: "Mundial? Calma. Você acabou de se lesionar!". Ninguém botava fé nem acreditava no meu discurso, mas eu continuava a procurar por lugares para treinar.

Fui até a raia da USP, mas lá só ofereciam aulas de remo adaptado. Comecei a praticar mesmo assim, para não ficar parado e manter o condicionamento físico. Também fiz treinos durante quase um mês com o pessoal do remo do clube Bandeirantes, mas só conseguia pensar que meu lugar era na canoagem. Além disso, os caras da Nelo já tinham prometido fazer um barco para mim!

De tanto aparecer na raia, acabei conhecendo dois atletas que treinavam canoagem e que já tinham passado pela seleção brasileira, o Celso Oliveira e o Paulo Barbosa, o Paulinho. Sempre que eu ia embora eles estavam chegando, então não me sentia íntimo o bastante para puxar papo. Por sorte, no dia em que demorei um pouco mais no treino, o Paulinho chegou mais cedo e a gente se cumprimentou. Tomei coragem e falei para ele que tinha muita vontade de praticar canoagem seriamente.

Repeti a ele o que já tinha falado para outras pessoas — e que todo mundo achava uma doideira: "Eu quero ser campeão mundial". Sem me conhecer direito, mas percebendo que meus olhos brilhavam, o Paulinho resolveu botar fé nas minhas palavras: "É esse o seu objetivo? Então estou disposto a ajudar você. Vamos começar". O cara abraçou minha ideia lá no comecinho.

Arrumamos uns barcos emprestados para adaptar, porque todos os caiaques disponíveis na USP eram banheironas, e o caiaque específico para a prática da paracanoagem ainda não era fabricado no Brasil. Começamos a treinar com um de turismo, que não tem nada a ver com o de competição — é mais curto e mais largo. Só que era o único em que eu cabia, por causa da minha altura de um metro e noventa, com pés tamanho 44, e também pelo fato de as pernas precisarem ficar esticadas. Normalmente o cockpit é bem justo e "veste" o atleta, para não entrar água dentro. Mas meu barco precisava de um cockpit largo ou eu não teria como sair se ele virasse.

Paulinho me treinava com ritmo de atleta profissional, mas eu usava um caiaque amador e ainda estava aprendendo a me equilibrar. Naquele processo de iniciação, cheguei a virar várias vezes. Só que o Paulinho não amolecia e ficava me botando pilha, aumentando a carga dos treinos para me deixar pronto para o mundial. Por pura afinidade, ele acreditou na minha loucura. Mas talvez ele não imaginasse que eu chegaria tão longe.

Toda essa pressa também tinha um motivo: no fim de abril haveria o Campeonato Sul-Americano de Canoagem, na Argentina, e eu precisava ser campeão para ganhar a vaga para o mundial. Só que a Confederação Brasileira não tinha verba prevista para bancar minha participação, então paguei as despesas do meu bolso. É bom lembrar que, naquele momento, o Brasil não tinha nenhuma tradição em canoagem adaptada. Aliás, me chamou a atenção que houvesse cinco paratletas entre as dezenas de integrantes da delegação, todos eles amputados — não havia outro cadeirante como eu.

Cheguei para a prova em La Plata e, para minha surpresa, não havia competidores na minha categoria além de mim. Eu ganharia a vaga automaticamente se ultrapassasse a linha de chegada. Era só não virar o caiaque que eu estaria no mundial. Competi sozinho, mas muito concentrado. O que pouca gente sabia é o quanto as minhas condições na Argentina eram adversas. Minha cadeira mal entrava no elevador do hotel. Briguei com o gerente porque a porta do banheiro abria para o mesmo lado em que eu tinha de passar. Ou seja, mal conseguia entrar no banheiro e fiquei três dias sem tomar banho. Mas tudo bem, consegui a minha vaga para o mundial.

Em maio, o pessoal da Nelo entrou em contato de novo: "Venha para cá que vamos pagar a sua estadia". Comprei passagens para mim e para o Paulinho com o pouco dinheiro que ainda tinha. Minha conclusão foi simples: se eu pretendia fazer isso da vida e se queria ter alguma chance no mundial, precisava estar com o melhor caiaque. Eu gastaria tudo o que tinha, mas investiria no meu sonho.

Com quase tudo pronto para a viagem, me dei conta de que nunca tinha feito um voo tão longo nessas condições. Não sabia o que esperar. Como seriam o embarque e o desembarque? Como a companhia aérea e os comissários lidariam com meu estado? E o mais importante: e se eu precisasse ir ao banheiro no avião?

OUTRO MUNDO

A vida de quem quer ser campeão do mundo envolve encarar as dificuldades e superar desafios, sejam quais forem. Eu não tinha nem completado um ano de lesão, mas precisava dar novos passos. Então enfrentei meus medos e embarquei para Portugal com o Paulinho. A viagem de quase dez horas transcorreu sem grandes percalços, ainda bem. Chegamos a Lisboa e fomos recepcionados pelo Manuel Ramos, presidente da fábrica de caiaques Nelo. Dirigindo um Mercedão, ele nos levou ao hotel que ele mesmo havia pago. Seria uma "ação social beneficente", que é o que eles já faziam com a Carlinha Ferreira. Sempre deram material esportivo para ela e provavelmente nem esperavam nada em troca.

Foi nessa primeira visita à Europa que comecei a ter consciência do impacto que poderia ter na vida das pessoas, divulgando o poder democratizante do esporte. Em Portugal, a canoagem é algo grande. Não por coincidência, a Nelo é a maior fabricante de caiaques do mundo e produz para todas as categorias — desde os barcos de competição até os de turismo e passeio. Remei com o próprio Manuel, que já tinha sido atleta profissional, e fiquei pau a pau com ele. Ficaram espantados e se empolgaram: "Fernando, estás remando muito bem!".

Meu condicionamento físico era muito bom porque eu costumava treinar no caiaque grande e estava em ritmo muito forte sob a orientação do Paulinho.

Para minha alegria, a Nelo construiu um caiaque para mim do jeitinho que pedi: um modelo de nove quilos com a bandeira do Brasil desenhada. Os barcos estão a cada ano mais estreitos, então hoje em dia esse é considerado uma "banheira". Mas, pelo que ele representa, vai ficar na minha memória para sempre. Todos os caiaques que uso são dessa marca.

E foi especialmente emocionante visitar a linha de montagem da fábrica ao lado do Paulinho, que é canoísta desde criança e aprendeu o esporte na raia da USP, onde a mãe trabalhava. O sonho dele sempre tinha sido ter um caiaque Nelo, que, naquela época, ainda era pouco acessível no Brasil. Quando entramos no local, os olhos dele brilharam, as lágrimas começaram a escorrer e parecia que ele estava na Disney. Pensei: "Esse cara ama o que faz!". Foi a viagem da vida dele.

O Manuel, ou "seu Nelo", como todo mundo o chama, nos tratou como reis. Ele me convidou para correr em um Lamborghini ao lado dele. Depois, nos levou para voar em um aviãozinho monomotor. Conheci Lisboa de cima. Outro dia, nos avisou: "Vou pegar vocês à noite para um jantar com a minha família. Gostam de frutos do mar?". Na mesa do restaurante chique, vi três pares de talheres para cada um. Olhei para o Paulinho e reparei na cara de interrogação dele, pensando: "E agora, qual tenho que usar?". Chegou uma bandeja enorme de frutos do mar e ele não conseguia disfarçar a tensão. Quando o seu Nelo começou a pegar a comida com as mãos, o Paulinho relaxou. E se acabou de comer!

Essa viagem foi sensacional, cheia de revelações. Rodar a Europa com menos de um ano de lesão é algo grande, e eu tinha consciência disso. Em Portugal, conheci outro mundo. Eu podia circular pelo país inteiro na cadeira de rodas, simplesmente porque tinha acessibilidade para isso.

Quer dizer, quase sempre. Fomos passear no Porto e descemos as ruas para chegar ao rio Douro. Para baixo é uma beleza, mas e para voltar? Só ladeira. Todo mundo descendo a pé e a gente subindo. Pequenininho, o Paulinho grudou atrás de mim para me empurrar e fui fazendo força junto. Os passantes não entendiam como eu estava subindo sem esforço, porque não dava pra ver o Paulinho atrás de mim. Rimos muito.

A minha intenção era pegar meu caiaque para participar de uma etapa da Copa do Mundo de Canoagem, na Hungria. Mas a prova foi cancelada por falta de atletas. Como a passagem de volta já estava marcada e ganhamos cinco dias livres, fomos conhecer Milão, na Itália. Além do Paulinho, nosso grupo tinha o Guilherme, um amigo que estava registrando toda a viagem com uma câmera, porque eu já estava com a ideia de fazer um programa. Infelizmente, ainda não tinha conseguido fazer minha primeira competição internacional.

Bagunçamos um pouco na Itália e voltamos para o Brasil. Eu tinha o melhor barco do mundo, mas não podia treinar com ele — o caiaque ficou guardado em Portugal, porque o mundial seria em agosto e não daria tempo de trazê-lo de navio. De avião seria muito caro. Fiquei treinando na USP pelos meses seguintes, concentrado e ansioso, torcendo para o tempo passar logo. Mas agosto parecia não chegar nunca.

MODELO DE CAMPEÃO

Cheguei a Poznań, na Polônia, a meca da canoagem do planeta, para meu primeiro campeonato mundial sem saber quem e o que encontraria. Tudo era novidade. Quando entrei no local do torneio, fiquei impressionado ao ver a raia de 2,5 quilômetros diante de arquibancadas para 5 mil pessoas. Plateia lotada, pessoas batucando, emissoras de televisão transmitindo. Então o mundo da canoagem de verdade é assim? Eu estava chocado, não tinha ideia daquilo.

É claro que, mais uma vez, tive de me bancar. A viagem para o meu primeiro campeonato mundial também foi paga do meu bolso. Não foi a primeira vez que investi até o que não tinha acreditando no meu sonho — e também não seria a última.

De repente, quem vi passando por ali? A Carla Ferreira, a paratleta de Portugal que eu tinha visto no vídeo. Fui falar com ela: "Oi, Carlinha! Tudo bem?". Ela me olhou confusa: "Quem é você?". Falei: "Te admiro muito, estou aqui por tua causa. Vi os vídeos e isso me inspirou!". Ela ficou toda feliz.

Não era a minha intenção, mas a Carlinha começou a contar para todo mundo que tinha conhecido o modelo brasileiro da Dolce & Gabbana: deu entrevistas me citando e falou de mim para os treinadores e outros atletas. "O Fernando, aquele modelo que sofreu acidente, está aqui e é meu fã." Não demorou muito para o pessoal da competição descobrir quem eu era.

A campanha da D&G tinha sido lançada meses antes e ainda estava bombando em vários países, por isso notícias sobre o meu acidente foram divulgadas na Europa. Muita gente veio conversar comigo durante o torneio por solidariedade à minha história. Era um clima meio de celebridade que eu não estava esperando.

Na Polônia, criei uma rotina para me adaptar ao barco relativamente novo e treinar em horários em que não havia competição. Era bom para sentir o comportamento da raia. No primeiro dia, ventava muito e ninguém se arriscava a navegar. O vento era tão forte que até fazia ondas. Paulinho, que me acompanhava como treinador, aconselhou: "Quer ganhar respeito? Vá para a água agora".

Montamos o caiaque, fiz cara de sereno e fui remar. Atravessei um trecho turbulento, segui até o fundo e dei um respiro de alívio. Outros atletas me viram e o burburinho começou. "Olha lá, quem está na água é o tal do Fernando. Como esse cara, sem sentir as pernas, consegue remar ali?"

Ninguém entendia como um atleta da categoria "A", cheio de limitações, remava tão bem na água agitada. Porque as categorias são definidas assim: o "A" (que atualmente é chamado de "KL1") corresponde a "Arms", para quem usa preferencialmente os braços. Tem a "TA" ("KL2"), "Trunk and Arms", para quem usa preferencialmente a força do tronco e dos braços. E a "LTA" ("KL3"), "Leg, Trunk and Arms", pernas, tronco e braços, para quem faz uso da força das pernas. Por causa da lesão, eu não uso a lombar para remar. Basicamente, minha categoria é para canoístas mais debilitados que sofreram as lesões mais altas.

Um argentino "LTA" se arriscou logo depois de mim, mas acabou virando. Os organizadores do torneio estavam lá me vendo. Saí da água e já vi demonstrações de admiração — e também devem ter me achado louco. Nem pareciam acreditar quando eu dizia que era "A".

O mundial começou pra valer na quinta-feira, e na sexta-feira rolaram as finais das provas mais longas, de mil metros. No sábado, foram as de quinhentos metros. No dia seguinte, a mais veloz, de duzentos metros, era a minha corrida. E, naquele domingo ensolarado, eu estava pronto. O coração estava a mil por hora. Era tudo o que eu sonhava, acontecendo pra valer.

Como a competição só tinha nove participantes, e são nove raias, não houve seletiva: fomos direto para a final. Não apenas aquela era a minha primeira competição com um caiaque "de verdade" como eu era o único latino-americano entre os nove atletas. O restante era europeu, da Inglaterra, da Espanha, da Rússia... As grandes potências do esporte. Definitivamente, eu não estava entre os favoritos.

Tudo durou menos de um minuto, e até hoje é difícil de lembrar o que pensei enquanto remava como se não fosse ver o dia de amanhã. Quando me dei conta, eu tinha ganhado! Contrariando as expectativas de todos, superando barreiras que pareciam intransponíveis, eu tinha me tornado um campeão do mundo! Era dia 20 de agosto de 2010 e, em pouco mais de um ano, eu havia passado pela maior revolução da minha vida. Com a medalha dourada brilhando no peito, me senti vitorioso. Não podia haver melhor recompensa pela minha reviravolta.

Eu estava feliz e realizado no alto daquele pódio, escutando os aplausos e gritos de celebração da plateia. Não foi pelo título. Não foi pelo primeiro lugar. Foi por ter conseguido cumprir o que eu tinha projetado para a minha vida: em um ano e um mês de vida nova, havia me tornado o número um do mundo na minha modalidade, um sonho em que acreditei e no qual investi tudo o que tinha. Foi muito mais do que a medalha de ouro em si. Para falar a verdade, nem liguei para a medalha. Foi por tudo.

UM SONHO PARALÍMPICO

Um mês e meio depois do meu título, recebi a notícia de que a paracanoagem seria o mais novo esporte paralímpico, com estreia nos jogos do Rio de Janeiro, em 2016. Para uma modalidade ser selecionada como esporte olímpico ou paralímpico, há muitas exigências a cumprir. Além disso, esse tipo de escolha costuma ser anunciado com muita antecedência, pelo menos seis ou sete anos antes da competição de estreia, para dar tempo de massificar.

Certa vez conheci o presidente do Comitê Paralímpico Brasileiro. Quando soube qual esporte eu praticava, perguntou: "Pô, Fernando, por que você não vai para o atletismo ou para o remo, que já são modalidades paralímpicas?". Eu respondi: "Eu gosto da canoagem, é o que me dá prazer". Ele retrucou: "Mas canoagem não é uma modalidade paralímpica". Respondi, brincando: "Não é, mas vai ser". Eu estava falando sério. Em seguida fui campeão mundial e, um mês depois, a modalidade se tornou paralímpica. Um tempo depois, nos encontramos novamente e ele brincou: "Que boca maldita, hein? Você falou brincando e o negócio aconteceu!".

Parece coincidência, mas foi assim mesmo: logo depois do meu título, os responsáveis pela paracanoagem mundial começaram a utilizar minha imagem para trazer visibilidade ao esporte — afinal, o atleta número um do mundo também era modelo da Dolce & Gabbana. As emissoras de televisão europeias começaram a me procurar. Perguntavam: "Como um cara que sofreu um acidente desses vira campeão mundial em um ano?". Acabei me tornando a "revelação do mês" no site da Federação Internacional de Canoagem. Eu, Fernando Fernandes, o brasileiro que ganhou uma medalha de ouro um ano depois de ficar paraplégico.

A imprensa brasileira mal cobriu essa história, porque ninguém sabia o que tinha acontecido — e, para falar a verdade, ninguém no Brasil sabia direito o que era canoagem. Foi só a Confederação Brasileira divulgar o feito que mais pessoas começaram a vir atrás. Parecia tudo uma grande loucura ou um conto de fadas. Até então, eu era o "aleijadinho" remando. Depois de um ano, virei o campeão. Pode ser no mundial de xadrez ou de par ou ímpar, para ser o melhor do mundo em qualquer coisa precisa ter estratégia, planejamento, foco e dedicação. Foi o que fiz. Planejei, sonhei, acreditei e fui atrás com obstinação. Quem abraçou minha ideia foi junto.

Tem que ter ousadia, sim. Mas o mais importante é administrar o medo, entender que tudo só depende de você. Os riscos que eu corria eram muito grandes, só que eu colocava a situação em perspectiva: "Qual preço vou pagar por entrar nessa água turbulenta? Posso virar o caiaque e pagar mico na frente de todo mundo. Mas e daí? Qual é o problema? O que mais eu tenho a perder?". Concluí que só devia resultados a mim mesmo. Assim, minha confiança aumentou.

Desde sempre, eu me arrisquei em tudo, me joguei, confiei muito no que estava fazendo. Só que, hoje em dia, a confiança é maior. Passei a lidar com o erro de um jeito mais consciente, administrando melhor o medo. Depois da lesão, minha autoconfiança cresceu muito e aprendi a trabalhar e a dominar o medo. O resultado disso é que a preparação para cada momento se torna tão ou mais importante do que o próprio momento da decisão. Hoje, penso que não tenho uma segunda chance. Antes, achava que tinha a segunda, a terceira, a quarta. Agora, só tenho uma.

Com tudo isso, preciso afirmar mais uma vez a importância do surgimento da canoagem na minha vida. Para mim, ela é a representação máxima de liberdade, igualdade, capacidade. Nunca tinha encontrado tanto tesão em um esporte. Os outros eu fazia por prazer. Esse é uma mistura de necessidade e equilíbrio, pela ausência do movimento e pela liberdade que consigo. É a concentração máxima entre o corpo e a mente. É a capacidade, é o prazer, é tudo.

A canoagem me proporcionou várias possibilidades. Surfei na pororoca do rio Amazonas. Remei tranquilo pelas águas do Araguaia. No futuro, vou fazer a travessia pelas ilhas do Havaí. Quero participar de uma maratona na Espanha. O caiaque se tornou as minhas pernas na hora de conhecer o mundo!

Hoje, sinto como se andasse por cima das águas. O que é irônico, porque nunca tive intimidade com a água. Sei nadar, mas nunca gostei da natação como esporte, nem de surfar. Qualquer esporte dentro d'água me tiraria o timing da reação rápida. Só que, com a pá do remo nas mãos, me sinto rápido, veloz. Tenho autonomia em cima da água.

Às vezes me pergunto: "Por que sou bom nesse esporte?". Para começar, eu acho que a canoagem tem uma dinâmica de movimento muito parecida com a do boxe. A remada tem movimentos de giro parecidos com um jab e um direto. Pouco antes do acidente, eu estava no auge com as luvas, treinando muito, com equilíbrio e consciência corporal muito bons. Nunca fui um "trocador" no ringue — meu negócio sempre foi o gingado, bailar, dançar. E a canoagem é isso. Eu costumo falar que é uma mistura do suingue do Muhammad Ali com a força bruta do Mike Tyson. Essa relação secreta entre os dois esportes acabou me ajudando bastante.

No começo, o mais difícil foi encontrar o equilíbrio. O que as outras pessoas fazem com as pernas eu tinha de fazer com uma parte do tronco e os braços. Você está mais preso, seu centro de gravidade é fixo e é preciso criar o balanço com a cintura e os braços para "buscar" a remada. É muito difícil alcançar esse ponto, não só para mim, mas também para qualquer um que não seja lesionado.

Só que o meu processo foi muito mais rápido do que as pessoas imaginam. Em apenas três meses praticando, já usava um caiaque intermediário de competição. Lembro que falaram: "Você pegou em três meses o que muitos demoraram três anos".

Um dia conheci um casal que me contou uma história. Os dois estavam em uma prova de caiaque duplo, remando por muito tempo, quando de repente o homem falou para a mulher: "A gente precisa parar, não estou sentindo minhas pernas. Não consigo me equilibrar no caiaque". E ela respondeu: "Então pensa no Fernando Fernandes remando e vamos embora".

O ESPORTE É ESPETACULAR

Depois de anos sem sair da mídia, decidi que precisava respirar. Concedi uma primeira e única entrevista para o *Fantástico*, poucos meses após o acidente, e logo depois resolvi me "esconder". Todo mundo me ligava para participar de programas de TV, diziam até que iriam a Brasília me encontrar. E eu só respondia que não era a hora de falar. Eu sabia muito bem que precisava estar pronto para uma "guerra" ao sair do hospital, porque todo aquele assédio de antigamente voltaria a todo vapor — talvez até pior.

A verdade é que, quando fui campeão mundial pela primeira vez, tinha a expectativa de um retorno financeiro imediato. Mas não aconteceu nada disso. Só fiquei mais conhecido (no Brasil e no mundo), mas ainda havia um descrédito generalizado em mim — para muitos eu ainda era aquele "bad boy" bagunceiro que aparentemente não tinha nada de importante a dizer.

Mesmo com a medalha de ouro no currículo, havia poucas certezas em que eu podia me apoiar naquela época. Eu tinha um único patrocinador pequeno, que me permitia contar com 1500 reais por mês para me virar. Eu nem conseguia remunerar o Paulinho. Comecei a fazer palestras esporádicas — não porque gostava de falar em público (algo que até hoje é um pouco difícil para mim), mas por pura necessidade. Foi durante essa fase estranha, de certo reconhecimento esportivo mas pouquíssimo ganho financeiro, que comecei a analisar minha vida com algum distanciamento. E o que percebi foi revelador.

O.k., então eu era o cara mais rápido, forte e bonito remando em um caiaque, mas não recebia nada por isso. Mais do que simplesmente ser o dono do título mundial de paracanoagem — aliás, àquela altura, eu já havia ganhado pela segunda vez —, eu tinha de provar muito mais. Precisava me impor para conquistar o respeito verdadeiro da sociedade. Não conseguia aceitar viver à margem, em especial depois de tudo o que eu tinha passado até então.

Eu sei muito bem o quanto é difícil estar numa cadeira de rodas e conseguir viver normalmente: é ser super-homem todos os dias! Precisava de algo especial, que me trouxesse o poder de escancarar essa verdade para as pessoas. E a melhor ferramenta para isso era o que eu fazia de melhor — o esporte. Tudo então pareceu se encaixar quando fui convidado para fazer o quadro "Desafio sem limites", no programa *Esporte Espetacular*, da TV Globo.

Era um projeto que tinha começado a me vir à cabeça algum tempo depois da lesão. Eu sonhava com a chance de fazer um programa de esportes adaptáveis que mostrasse que é possível fazer qualquer coisa se a pessoa buscar alternativas para isso. Mas fazer um programa inteiro seria muito complexo, então teria de ser algo mais viável, como um quadro.

Eu estava indo para uma palestra em Goiânia quando recebi a ligação da Rosane Araújo, diretora do *Esporte Espetacular*. Não fazia muito tempo que eu havia participado do programa *Corujão do Esporte*, com uma audiência muito boa, então ela queria saber o que eu pretendia fazer nos próximos meses.

Naquele momento, eu já tinha planejado encarar muitos desafios por conta própria: maratonas, esqui na neve, corridas e o que mais me levasse a me aventurar pelo mundo. Tudo devidamente produzido e filmado. Na reunião, detalhei alguns planos, mas oferecendo até mais do que eu já tinha certeza que faria. O fato é que, confirmados mesmo, eu só tinha a maratona da Disney e esqui em Aspen com minha namorada na época. "Então você vai fazer maratona, esquiar na neve, saltar de paraquedas e gravar tudo isso? Quando começa?", a Rosane disparou. E tudo foi acontecendo do jeito que eu tinha pensado.

A primeira temporada do "Desafio sem limites" entrou no ar em abril de 2012, e acho que foi uma quebra de paradigmas na televisão aberta brasileira. Até então, não se tinha visto um cadeirante fazer certas atividades extremas com tanta naturalidade. As reportagens sobre deficientes são sempre aquela coisa meio melancólica de superação e motivação — tudo o que eu não queria fazer. Eu falava: "Vamos fugir do clichê. Não precisa ficar mostrando que tenho dificuldade para fazer isso ou aquilo". Eu sempre procuro fazer as coisas com uma preocupação estética, mas ressaltando que a beleza e a dor dos esportes são para qualquer um. Sem pôr ênfase na dificuldade, mas na intensidade.

Em outra reunião com o João Pedro Paes Leme, diretor de esportes da Globo, expliquei que queria trazer para o meu lado paratletas que falassem bem, que tivessem postura boa e mostrassem o esporte de forma bonita. Porque ninguém quer ficar vendo só os problemas, mas também as soluções. Eu sempre quis expor as dificuldades de forma natural, ao mesmo tempo que mostrasse a beleza de cada esporte. Ninguém quer ver gente se arrastando no chão. Se quiser ver sofrimento, assiste a um programa sensacionalista, não um esportivo.

A Globo exibiu um quadro "Desafio sem limites" a cada mês, e um detalhe importante não ficou evidente para o público que assistiu: eu filmei os quatro desafios da primeira temporada em menos de trinta dias. Ou seja, em quatro fins de semana seguidos, gravei os quatro primeiros programas!

Na primeira semana de janeiro de 2012, participei da maratona do Walt Disney World, em Orlando, Flórida, e percorri 42 quilômetros com uma bicicleta adaptada. No fim de semana seguinte, fui para Aspen, no estado americano do Colorado, com temperatura de dez graus abaixo de zero, para descer na neve com um monoesqui. No outro sábado, estava em Paulo Afonso, na Bahia, debaixo de mais de quarenta graus, para uma maratona de 54 quilômetros pelo rio São Francisco. O último fim de semana foi em Jataí, Goiás, para uma enlameada prova de aventura (tipo de corrida em grupo) de cinquenta quilômetros com *handcycle* (uma bike adaptada para paraplégicos).

Em todos os desafios, superei meus limites de alguma maneira. Primeiro, nunca tinha corrido 42 quilômetros com as pernas, mas fiz isso com os braços na Disney. Eu só tinha esquiado em pé uma vez, mas nunca sentado, e tive só dois dias para aprender em Aspen. Saí de dez graus negativos no Hemisfério Norte para mais de quarenta no Nordeste brasileiro, para atravessar 54 quilômetros remando. Era a mesma cidade de Paulo Afonso que eu conhecia, mas não eram os oito quilômetros que eu tinha percorrido lá atrás. Para completar, atravessei lamaçais, subidas, rios e a mata do Centro-Oeste ao lado de uma equipe para completar cinquenta quilômetros. Fui o primeiro cadeirante a completar uma prova de aventura no Brasil.

Até então, nenhum deficiente físico havia se aventurado dessa forma na TV. Claro que, depois de tanto esforço, eu paguei o preço. Meu corpo, em especial os meus braços, pediram arrego. Passei praticamente uma semana deitado, sem fazer nada, até me recuperar. Por que fiz atividades tão intensas? Eu queria quebrar o paradigma de que deficiência física é sinônimo de incapacidade, e esse momento foi a minha oportunidade. Pus a minha saúde em jogo, mas eu só pensava na importância que isso teria para a sociedade — e para a minha vida.

O título deste capítulo é "O esporte é espetacular" porque ele mudou a minha realidade quando passei a utilizá-lo como ferramenta de transformação da sociedade. Imagine que, ao sair da água como atleta vitorioso da canoagem, eu continuo a me sentar na cadeira de rodas, um objeto que representa incapacidade. Enquanto as pessoas me enxergassem como um coitadinho, as coisas não aconteceriam para mim. Tive de realizar algo extraordinário para mudar essa imagem, encarar desafios que as pessoas não esperavam que eu pudesse vencer. Onde todo mundo achasse que um deficiente físico não seria capaz de chegar, era justamente o lugar que eu ia desbravar. Não comecei a fazer desafios só para me testar ou porque é bacana, radical. Foi porque queria dar uma pancada de impacto na cara da sociedade. Precisava enfiar o dedo na ferida.

É preciso dar crédito para a Rosana e para o João Pedro por terem visão e coragem de lançar um produto inédito na televisão aberta. Essas duas pessoas acreditaram que eu faria tudo com qualidade e eficiência, fugindo daquela ideia batida do "exemplo de superação" — pelo contrário, mostrando que o que faço é de uma forma diferente, mas com intensidade. O mérito não foi só pelo programa em si, mas pelo peso que ele teve de transformação na minha vida e na das pessoas com deficiência.

Só tirei coisas boas dessa experiência na grande mídia. O respeito começou a acontecer e vi que isso ajudava muita gente. Além disso, curiosamente, comecei a chamar a atenção do público masculino. Antes, eu tinha mais apoio do público feminino, mas logo apareceram os caras falando: "Você é demais. Te respeito". Mas não estava tentando agradar a todos. Tinha me encontrado no mundo e estava fazendo algo de que gostava. Eu estava feliz.

Começou então um processo de meus projetos renderem resultados. Semanas depois da estreia do "Desafio sem limites", ganhei o terceiro título mundial de paracanoagem, na Polônia. No ano seguinte, na Alemanha, repeti a vitória e fui tetracampeão. Surgiram patrocínios maiores, que ajudaram a melhorar minha infraestrutura e também facilitaram a criação do Instituto Fernando Fernandes Life, em setembro de 2013, cuja missão é proporcionar a crianças e jovens com ou sem deficiência a chance de se encontrar no esporte. As palestras para empresas se tornaram incontáveis, e eu passei a ficar mais à vontade falando diante de grandes plateias. Eu já tinha uma equipe trabalhando comigo, e o dinheiro começou a entrar para valer. Demorou, mas finalmente as coisas estavam acontecendo.

DERROTAS DE SURPRESA

É claro que alguns tropeços acabariam acontecendo em meio a tantas vitórias seguidas. O ano de 2014 foi o primeiro, desde que comecei a competir, em que não fui campeão mundial de paracanoagem. Segui para Moscou com a certeza de que ficaria em primeiro. Minha preparação foi igual à dos anos anteriores, se não mais intensa. Pela primeira vez, havia deixado todos os compromissos de lado só para me dedicar aos treinos, com os olhos também voltados para o futuro: de tão obcecado em participar dos Jogos Paralímpicos de 2016, tinha até escrito os tempos que eu queria bater na parede do meu quarto. Estava fazendo tudo direitinho. Então, tinha a convicção de que ganharia de novo.

Quando perdi a prova final, senti o baque. Fiquei em um frustrante quinto lugar. Mas na hora tive a certeza de que a disputa não havia sido justa — muito pelo contrário. Naquele momento, o problema da classificação funcional ficou evidente para mim. Traduzindo para quem não é desse meio, classificação funcional é o conjunto de regras que visam nivelar a capacidade esportiva dos competidores de modalidades paralímpicas.

Antes de poder disputar competições oficiais de paracanoagem, cada atleta passa por testes que analisam suas habilidades funcionais e como elas afetam o desempenho na execução básica da modalidade. As avaliações são feitas por profissionais de saúde que verificam a gravidade da lesão e como isso pode ou não influenciar os movimentos do corpo, além de realizarem testes específicos de pernas e troncos. Por fim, o atleta precisa desempenhar na água, com o caiaque, e demonstrar se o nível de funcionalidade corresponde ao que consegue executar nas condições normais do esporte. Pontos são concedidos para cada quesito e assim são determinadas as classes funcionais — "L1", "L2" e "L3" — nas quais o paracanoísta será encaixado. Na teoria parece fácil de entender, certo? Mas na prática é um sistema muito subjetivo e que muita gente prefere enganar a seguir à risca.

A final em Moscou é um exemplo. Dos quatro competidores que chegaram à minha frente, três deles foram reclassificados depois da prova, e um é considerado dúvida até hoje. Ou seja, eles provavelmente exageraram a gravidade de suas lesões e seus níveis de funcionalidade só para competir em uma categoria diferente.

O pior é que, até então, tudo parecia seguir de maneira correta nos torneios internacionais de paracanoagem. Em 2013, cheguei a desconfiar de que alguns atletas não estavam sendo sinceros, mas eu não tinha malícia — ou melhor, não conhecia essa faceta do esporte paralímpico. Acompanhava alguns deles competindo e pensava: "Como ele consegue remar desse jeito tão forte e intenso logo no primeiro ano de participação?".

Foi em 2014 que o problema desandou. Logo ao chegar ao local do campeonato, senti algo errado — e não era pouco. Os tempos alcançados pelos adversários antes do torneio eram modestos, mas nos treinos pré-provas oficiais eles remavam feito loucos. Pesquisei na internet sobre um dos competidores de quem eu desconfiava e encontrei fotos do cara em pé! Não era possível que ninguém soubesse que ele estava mentindo! Acabou que todo mundo tinha alguma história ou fofoca sobre um paratleta que burlou a classificação funcional; esse foi o assunto mais comentado nos bastidores do Mundial de Moscou. No fim, rolaram mais de cem processos durante o torneio, em todas as categorias. Uma zona completa.

Também entrei com um protesto contestando o resultado da minha prova, mas, apesar de terem sido reclassificados, nenhum competidor foi efetivamente desclassificado. Portanto, até hoje sou considerado o quinto colocado nos registros oficiais. Foi desesperador. Não porque perdi, mas por ser uma situação fora do meu controle. Nunca imaginaria que tudo iria por água abaixo bem na hora em que o esporte mais poderia crescer. De tão decepcionado, passei três meses sem conseguir dormir direito.

No mundial de Milão de 2015, tinha esperanças de que esse problema se ajeitasse — afinal, nada poderia ser pior do que Moscou, certo? A organização do torneio começou a ser mais rígida, mas o sistema de classificação ainda se mostrou falho, permitindo que atletas burlassem regras. Para mim, aquele foi um ano de vitória — a medalha de bronze que ganhei pelo terceiro lugar valeu como ouro. A prata ficou com o meu antigo rival polonês, um monstro, ex-lutador de *wrestling*, de quem eu nunca tinha perdido. Fiquei atrás dele por dois palmos.

É verdade que eu não estava na melhor condição física — por pouco não rompi o peitoral treinando —, então quase não considerei aquela uma derrota. "Quase" porque sabia que tinha perdido mais uma vez para a classificação funcional.

Essa questão jamais evoluiu dentro da paracanoagem. Concordo que é algo complexo, que envolve conceitos muito subjetivos e simples de ser burlados. Os critérios dependem muito da observação visual e da precisão técnica dos avaliadores, que, diga-se a verdade, nem sempre estão interessados em ser infalíveis. Alguns classificadores funcionais brasileiros tentaram implementar no país maneiras diferentes de se fazer essa análise, usando tecnologia e equipamentos que aprimorassem a exatidão das leituras. Chegaram a apresentar essas ideias lá fora, mas foram ignorados. A real é que somos sul-americanos, e como esse é um esporte originalmente europeu, somos obrigados a jogar o jogo deles. É o lado político do esporte.

Havia ficado claro para mim que a paracanoagem evoluía em alguns aspectos, mas piorava em outros quesitos essenciais. Aquela era a minha luta e eu a enfrentaria de todos os lados. Tinha esperança de que superaria mais esse obstáculo. Mas havia um limite para o que eu conseguiria fazer.

O ADEUS

Em Moscou 2014, sofri com problemas fora de meu alcance e comecei a me frustrar com a paracanoagem. No ano seguinte, fui para o mundial em Milão confuso, tentei o máximo que pude, mas também não foi o suficiente. Eu poderia estar desmotivado, mas entrei em 2016 mais obcecado do que antes. O mundial daquele ano definiria a sonhada vaga para as Paralimpíadas, e eu estava preparado para ir além no meu esforço. Meu estado era de "tudo ou nada", "vai ou racha" e "agora ou nunca".

A competição foi no mês de maio, em Duisburg, Alemanha, onde eu já havia sido campeão e me sentia confortável remando. Eu sabia que era minha última chance e estava treinando intensamente, tanto que comecei a sentir que talvez fosse "quebrar" — o limite da imunidade de um lesionado medular é muito menor do que o de um atleta comum.

Não deu outra: uma semana antes da viagem, caí de cama, muito gripado. E quando a imunidade baixa vem tudo ao mesmo tempo — febre, vômitos, calafrios. Eu estava acabado, literalmente batendo o queixo.

Viajei passando mal e, chegando lá, fiquei ainda pior. O clima em Duisburg era seco e frio, enquanto no Brasil estava muito calor. Mas, ainda que me sentisse fraco fisicamente devido à doença, eu estava muito bem treinado e forte psicologicamente. Debilitado, me alinhei para a primeira bateria da competição, em que apenas o primeiro colocado se classificaria direto para a final. Acabei em terceiro lugar, então teria de passar por mais uma bateria. Ao final da prova, com a cabeça rodando, encostei no píer e quase desmaiei.

Na época eu namorava a Vicki Schwarz, canoísta da seleção da Áustria, que também estava competindo no mundial por uma vaga nas Olimpíadas do Rio — no caso dela, na canoagem tradicional. Pedi ajuda ao médico austríaco dela, que me aplicou injeções de vitaminas e anti-inflamatório direto na veia para resolver o problema. Constatei na pele a experiência de profissionais que lidam com esportistas de alto rendimento. Dei uma melhorada e, no dia seguinte, na semifinal, minha performance evoluiu e consegui me classificar. A decisão seria em 19 de maio, exatamente 24 horas depois.

A final da Vicki seria no mesmo dia, quinze minutos antes de minha prova. Assisti já me aquecendo na água, vi quando ela venceu e comemorei sozinho. Pensei: "Ela ganhou a dela, agora é a minha vez". E eu daria o meu máximo, mesmo que desmaiasse depois.

Alinhado na linha de partida, olhei para o lado e só vi os competidores mais cascudos que já havia enfrentado. O polonês, que considero meu adversário real e havia enfrentado pau a pau nos outros mundiais; um chinês, que ninguém sabia muito a que vinha, porque no ano anterior ficou todo o tempo escondido em um barco; um inglês, que eu sabia que ia continuar dando uns jeitinhos; e um brasileiro, que ia remar daquele jeito particular dele.

O chinês logo voou na frente, seguido por mim e pelo polonês à minha esquerda. Ótimo, ele seria a minha referência. Ficamos alternando entre o segundo e o terceiro lugares quando me bateu a fadiga e os braços começaram a falhar, faltando quarenta metros. Ele me ultrapassou, mas consegui me manter em terceiro até a última boia. A doze metros do fim, o inglês e o brasileiro também passaram por mim, o que só notei quando cruzei a linha de chegada, meio barco atrás dos dois. Pensei: "É isso, acabou".

Saí da água com uma mistura de sensações, tão decepcionado quanto aliviado. A decepção era com o que eu considerava o rumo desonesto que a paracanoagem havia tomado, e o alívio por ter dado a esse esporte tudo de mim, o que eu tinha e não tinha. Ao sair da água, fui saudado pelo Thiago Pupo, treinador da seleção brasileira: "Lindo, lindo o que você fez! Caiu batendo! E mesmo contra um cara com mais mobilidade, você foi lá e mostrou o seu valor!".

Então voltei o meu foco para a Vicki, porque a briga dela era real e eu sabia o quanto ela queria vencer. Quando a encontrei, dei parabéns, mas... "Parabéns por quê? Eu também estou fora." Ela explicou: na última remada, a parceira dela relaxou o braço, o que foi o bastante para o barco da Suécia ultrapassá-las. A diferença foi de 0,06 segundo e foi preciso utilizar o recurso do *photo-finish* para determinar as vencedoras. Olhei a foto e não conseguia acreditar.

A Vicki ficou muito mais abalada do que eu, porque estava crente que ia se classificar. Tinha um ótimo treinador e merecia muito. Eu tive de virar o apoio dela, mas será que conseguiria? Então, parei e fiz uma autoanálise: eu sempre dei tanto da minha vida pelo esporte... Será que justamente isso me derrubaria?

Porque eu nunca fui "mais ou menos" para a briga. Dias depois de perder os movimentos das pernas e da cirurgia em que coloquei oito pinos na coluna, eu já estava fazendo exercícios. Não teve um único dia em que fiquei parado, a não ser que estivesse doente. Corri a São Silvestre com seis meses de lesão, saltei de paraquedas sozinho, surfei a pororoca... Eu fui para a porrada no último grau! "Sinto muito, mas sou bem maior do que isso. O que eu significo para o esporte e para as pessoas é maior do que a paracanoagem que eu praticamente criei, levantei e mostrei para o mundo", pensei. O sistema me traiu? Paciência, bola para a frente. "Eu vou continuar indo para cima", meti na cabeça.

Eu sentia como se carregasse um enorme peso nas costas. Estava brigando com minha felicidade e minhas crenças. Não estava mais acreditando na paracanoagem como um instrumento de mudança e evolução. Vi que nesse mundo existe muita gente ruim — é a minoria, mas faz barulho e atrapalha bastante. O ótimo documentário *Paratodos*, de Marcelo Mesquita e Peppe Siffredi, do qual sou um dos personagens, mostra que esse tipo de trapaça é hoje algo indissociável do esporte paralímpico como um todo. Infelizmente, não há como fugir.

Eu gostaria de fechar o capítulo "paracanoagem" na minha vida da seguinte maneira: como tudo por que passei, eu fui do céu ao inferno. Acabei pagando o preço por ter sido precursor em tudo o que criei, divulguei e expus para o mundo. Criei cobras, e as cobras me picaram. Paguei uma conta alta, mas graças a Deus eu estava com condições de pagar. Vi que o castelo estava caindo e fugindo do meu controle e tive de criar outras maneiras para seguir a vida.

Então, tomei uma decisão, da mesma forma que fiz quando sofri o acidente. Em 2009, meu plano A era voltar a andar, só que ele não dependia de mim, então tracei um plano B — a própria canoagem — e segui em frente. Anos depois, cheguei ao ponto em que o plano A era a Paralimpíada e o B era utilizar o esporte da forma que acredito, para transformar a vida das pessoas. Mais uma vez, optei pelo plano B.

Então, chegou a hora de me desgarrar do que me faz mal. Na paracanoagem não me vejo mais. Já cumpri o meu papel. Há muitos bons atletas que ainda me representam no esporte e dão continuidade ao meu trabalho. Então, resolvi deixar que eles lutem e ralem pelo que briguei durante sete anos. O desafio do esporte pelo esporte é a ferramenta que vou usar para dar continuidade à minha vida. É claro que o caiaque vai continuar a ser, e sempre será, meu transporte favorito. Só abandonei meu barco de paracanoagem e voltei para o caiaque K1 olímpico. Mais do que isso, agora posso aproveitar a canoagem por completo, descendo corredeiras, remando em alto-mar e tudo o mais que eu inventar. Meu objetivo sempre será acreditar no poder transformador do esporte. Quando fui chamado pela Rede Globo para trabalhar na transmissão das Olimpíadas 2016, acabei fazendo parte de tudo e com ainda mais voz ativa. Eu tinha certeza de que minhas oportunidades diminuiriam por não participar dos Jogos como atleta. Mas, incrivelmente, elas aumentaram. Talvez esteja havendo uma inversão positiva de valores no Brasil, em que as pessoas também olham com bons olhos a caminhada, os tropeços, a insistência e a persistência, o cair e o levantar. Posso dizer hoje que o que tirei da minha história com a paracanoagem foi: se vou continuar encarando o desafio do esporte, é por causa do esporte em si, jamais apenas pela vitória.

REALIDADE E MATURIDADE

Vamos falar a verdade aqui: a lesão medular como um todo continua a ser uma incógnita para a medicina. Pegue as células-tronco, por exemplo. É um assunto complicado, porque não se trata de um tratamento, mas de um teste. A questão é: por que esse teste não é mais aprofundado? Por que não investem mais dinheiro nisso?

Respondo: porque o deficiente físico ainda é visto à margem da sociedade. Mas está havendo uma transformação. As pessoas em cadeiras de rodas, os lesionados medulares, os deficientes físicos em geral, estão começando a se posicionar com respeito. E essa sempre foi a minha luta, conseguir me inserir na sociedade com respeito. Eu utilizo o esporte como minha ferramenta de comunicação com o mundo, meu instrumento de transformação. Por meio disso, passei a distinguir deficiência física de incapacidade.

Mas e voltar a andar? Essa questão passou um bom tempo me rondando meses depois da lesão e vinha seguida de muitas outras perguntas. O que devo fazer? Dedico a minha vida somente a isso? Ou escolho outro caminho para seguir?

Os médicos dizem que o período de seis meses a dois anos após o acidente é decisivo em relação às chances de voltar a andar ou não. Se eu tivesse só me entregado à fisioterapia e à ideia de andar novamente, será que isso estimularia meu corpo a superar a lesão naquele momento decisivo? Tudo isso passava pela cabeça, mas chegou a hora em que resolvi optar.

Eu havia decidido buscar outras formas de me recuperar, além da fisioterapia proposta pelo Sarah. Eu não podia focar só nessas fórmulas já existentes. Se cada pessoa é única, então criei a minha própria fisioterapia. Inventei e pratiquei meus métodos, mas vi que realmente não era isso que me faria andar. Poucas pessoas fizeram fisioterapia e requisitaram o corpo de forma mais intensa do que eu. Cheguei à conclusão de que fiz tudo o que foi possível, só que de uma forma diferente. Não podia ficar só pensando em voltar a andar, porque isso não depende de mim.

Recebi muitas mensagens de outros cadeirantes que perguntavam: "Você vai esperar até quando para tentar voltar a andar? Vai experimentar algum tratamento?". A verdade é que eu não tenho a opção do tratamento — aliás, ainda não há tratamentos concretos. Também não tenho estrutura para isso, não sou de família rica, quem vai pagar as minhas contas?

A verdade da vida voltou. O homem voltou. Fui criança depois da lesão, passei a ser jovem com a minha "faculdade", que foi a canoagem, e hoje estou formado e preciso pagar as contas. Como vou me dar essa liberdade? Ficar seis meses em Miami fazendo tratamento de células-tronco para saber se volto a andar? Não dá! Essa não é a realidade! A realidade é que preciso lidar com a maturidade. Tenho despesas, planos, e não quero me desfazer deles. Não posso abrir mão do que conquistei com tanta raça e luta para me arriscar com algo tão incerto. "Deixa eu tentar esse novo tratamento para ver se volto a andar..." Não é possível e eu não quero. Hoje, eu não vou mais atrás de tratamentos "alternativos". Fiquei interessado nisso durante um tempo logo depois da lesão, mas não estou mais. Na hora em que algo surgir, vai todo mundo saber rápido, mas acho que vai demorar algumas décadas para acontecer de verdade.

Chegar a essa conclusão, para ser sincero, não foi difícil. Escolhi meu caminho e a partir daí a vida felizmente voltou a dar certo. O esporte é a minha melhor terapia, o que me alimenta e me dá prazer. A decisão que tomei foi a que me fez ficar bem comigo mesmo e tenho certeza de que fiz a opção certa.

A VIDA SEXUAL DO LESIONADO MEDULAR

Dei esse nome para este capítulo porque tenho certeza de que muita gente olha o sumário antes de começar um livro, para saber o que está por vir (ou então para escolher o que ler primeiro). Se é o seu caso, já aviso: as próximas linhas não vão trazer detalhes muito picantes da minha intimidade.

A verdade é que, desde que sofri o acidente, nunca me preocupei muito com as questões físicas de um relacionamento nem pensei que a vida da minha parceira seria diferente porque ela estaria comigo. Sempre assumi meus problemas. É aquela coisa: se está comigo, vai gostar de mim do jeito que eu sou.

Eu estava em um avião certa vez, sentado ao lado de uma menina loira muito bonita. Começamos a puxar assunto e, no meio da conversa, ela disse: "Sabe que eu já tive um namorado cadeirante?". Retruquei, de pronto: "Sabe que eu já tive uma namorada loira?". Ela ficou meio chocada com a resposta. É cansativo quando as pessoas pensam que a nossa principal característica é ser cadeirante.

Meu primeiro namoro depois de sofrer a lesão foi com uma conhecida de uns amigos meus. Ela sempre ia me visitar com eles, daí acabamos gostando um do outro. Quando fui morar em Brasília para a reabilitação, ela me visitava todos os fins de semana e ficávamos juntos em um hotel. Na hora de deitar para dormir, a situação era esta: um saco de urina ao lado da cama, ligado por um canudinho a uma camisinha presa no meu pênis. Mesmo com as dificuldades, ela mergulhou na relação e até começou a falar sobre morar junto e casar, chegando a reformar a casa para me receber quando eu voltasse. Mas fiquei com o pé atrás, não estava pronto para dar aquele passo. Não sabia o que seria da minha vida, precisava me resolver primeiro.

Hoje entendo que o barato é assumir os próprios problemas. Se você tiver conflito com as dificuldades, não vai se aceitar, e essa é exatamente a primeira coisa que se deve fazer. Para começo de conversa, não existe uma verdade sobre a sexualidade de um cadeirante. A resposta que eu der não será a mesma para outra pessoa. Conheço uma pessoa que anda, só que a parte sexual não funciona. Tem gente que tem o mesmo grau de lesão que eu, mas que também não funciona. Tem quem não sinta a perna e mesmo assim consegue andar, enquanto outros sentem as pernas, mas não andam. Tem lesionado que possui sensibilidade, mas não consegue ter ereção. Tem de tudo, depende de cada pessoa e de cada lesão.

A questão do prazer sexual me assustava no passado, pois não tenho sensibilidade completa. Aliás, isso me lembra de um fato engraçado. Quando estava internado logo após o acidente, eu só podia urinar por um procedimento chamado "cat", que coloca uma sonda no pênis. A enfermeira vinha, abaixava minhas calças e, em uma situação muito constrangedora, pegava nele e encaixava um canudinho para que eu fizesse xixi. Na primeira vez, assim que ela encostou em mim, ele cresceu. Eu não sabia onde esconder a cara, mas houve o lado bom de saber que, de alguma forma, eu estava funcionando. Ufa!

Certa noite, o plantão só tinha enfermeiros homens no meu horário de urinar. Entrou no quarto um enfermeiro grandalhão que deu início ao procedimento. Fiquei tenso, porque, na maioria das vezes que encostavam ali, "ele" funcionava. Não deu outra: foi ele colocar a mão para o negócio acordar. Parecia uma briga, eu dando o comando ao cérebro — "não sobe!" —, e ele, rebelde, insistindo em crescer até ficar ereto. Olhei para o enfermeiro e falei, com uma cara bem sem graça: "Aí, eu não sou gay não, hein!". Ele deu um sorrisinho de quem já trabalhava com isso há anos: "Relaxa, garoto. Aqui isso é normal".

É claro que o meu corpo começou a operar de forma diferente depois da lesão. Se a sensibilidade não é igual, o mesmo acontece com o funcionamento. Para falar a verdade, relação sexual para mim sempre foi muito mais contato e beijos do que a penetração e o ato sexual em si. E, agora, acho que essa ideia faz muito mais sentido para mim. É aquela coisa de "encostou e deu liga". E não adianta, não é porque tem uma bunda gostosa que eu vou necessariamente querer — ainda mais nesse momento.

Até pela falta de mobilidade, sou muito mais dependente do toque, da pele e da respiração — e são esses elementos da sexualidade que acabam determinando a relação. O desejo continua a existir, mas, já que a sensibilidade não é a mesma, o beijo chega a ser muito mais importante do que gozar. Se você está em uma situação em que sente meio corpo, acaba descobrindo outras formas de prazer.

Eu tenho sensibilidade, mas o corpo mudou até mesmo a forma de avisar quando quero fazer xixi: eu sei quando tenho vontade, só que de forma diferente. Se minha lesão fosse mais baixa, eu sentiria tudo normalmente. Só que ela me afetou bem na região do quadril. Como resultado, eu sinto dor para caramba na lombar, mas não sinto a lombar.

No começo não foi exatamente um baque, mas um momento de dúvida: "E agora? Como vai funcionar? Será que vai funcionar?". Então fui descobrindo que seria tudo uma questão de adaptação. Falo isso por mim, repito, porque não é a mesma coisa para outras pessoas. Resumindo para quem ainda não entendeu: como lesionado, você descobre outras formas, outros prazeres. Da mesma forma que se adapta à nova vida, você adapta a vida sexual também.

ACEITAR PARA AMAR

Antes de me acidentar, nunca fui muito de relacionamentos longos. Isso mudou com a minha nova condição e namorei várias vezes, algumas por muito mais tempo do que eu jamais tinha experimentado. Neste momento em que o livro é escrito, porém, estou solteiro. Talvez o fato de ter sofrido o acidente tenha feito com que eu desenvolvesse uma personalidade muito independente, tanto que às vezes preciso de um tempo sozinho. Isso sempre esteve na minha vida. Eu não tenho necessidade de ter alguém colado em mim 24 horas para dividir tudo o tempo inteiro. É gostoso, mas tem momentos que isso fica sufocante, e começo a me sentir preso, engaiolado.

Confesso que fui egoísta em várias decisões da minha vida. Sempre achava que era hora de pensar em mim, por isso me fechava e não tinha disposição para dividir e me entregar nos relacionamentos. Ficando um pouco mais velho, comecei a entender que às vezes é bom se abrir mais, compartilhar os pensamentos e as alegrias.

Só não gosto de demonstrar tristeza, talvez para não parecer fraco.

Sorte que a vida me ensinou a ser mais maleável. Meu jeito fechado de antes influenciava em tudo, na ausência de um relacionamento fixo, na forma de lidar com a mídia, com as pessoas em geral, na revolta com o mundo. Com o tempo, esse cara foi ficando mais flexível. E fui me permitido ter mais envolvimento nos relacionamentos. Mas tão importante quanto lidar com a outra pessoa era enfrentar todas as questões que são únicas de quem é lesionado. Não é só conviver com uma pessoa e ela gostar de você — é também lidar com os extras, os "degrauzinhos" no caminho.

Você precisa ter uma aceitação própria muito grande para se relacionar com alguém. Antes de começar, deve entender quem você é. Não estou preocupado se a pessoa quer me aceitar, e sim se eu mesmo me aceitei. Sendo "deficiente físico", há particularidades que eu aceito. Então, você leva essa aceitação para o relacionamento.

Já que nunca fui muito de namoros, uma das minhas maiores preocupações sempre foi o momento de encarar a família pela primeira vez. Como um cara em uma cadeira de rodas consegue enfrentar tudo o que envolve um novo relacionamento? Como você vai se apresentar, se portar e lidar com o pai, a mãe e os irmãos?

O primeiro namoro longo foi com a Carol e começou ainda na minha fase inicial de recuperação. Eu ainda estava tentando me reencontrar, mas a relação ficou séria, apesar de ser à distância na maior parte do tempo (ela morava nos Estados Unidos). Depois de um ano, ela falou: "Meu pai quer te conhecer, quero te apresentar para ele". Só consegui pensar no peso da cadeira de rodas nessa apresentação, no quanto minha postura seria importante nesse primeiro contato. A que ponto minha condição iria influenciar o pensamento dele sobre o relacionamento?

Voei para Miami para ficar na casa dela. Os Estados Unidos já são um país bem adaptado, mas eu tinha certeza de que enfrentaria alguns obstáculos. Foi o que aconteceu: logo na entrada da casa tinha dois degraus. E o que a Carol fez? Comprou uma rampa antes mesmo de eu ir para lá. Veja como são as coisas: não é só o relacionamento em si, é preciso também pensar em todas as questões que surgem em volta.

Tivemos vários momentos engraçados. Eu estava passando um período de dois meses em Miami com ela e, como a cidade é toda adaptada, eu gostava de fazer meus exercícios sozinho. Comecei a correr muitos quilômetros diariamente, mas um dia tive um problema e liguei para a Carol: "Vem me socorrer aqui. Quebrei a perna. Não estou conseguindo andar". "O que aconteceu?", ela gritou. "A roda da frente da cadeira quebrou", respondi. Caí na risada. "Não brinque com essas coisas, achei que você tinha quebrado a perna mesmo!". Falei, ainda rindo: "Se eu tivesse quebrado a perna, que diferença ia fazer, se já não ando?".

No fim das contas, esse relacionamento foi importante porque me fez refletir muito sobre a ideia da incapacidade e o quanto é essencial saber enfrentar as barreiras de cabeça erguida, sem me preocupar tanto com o que vão pensar de mim. O que interessa é saber quem eu sou e do que sou capaz. Mesmo que as condições sejam desconhecidas e adversas, é preciso confiar no próprio taco. E foi com essa cabeça que eu me preparei para ser apresentado aos pais pela primeira vez no meu namoro seguinte, com a Vicki.

Ela e a família são austríacas e, no início, a mãe não queria que ela namorasse um brasileiro. Afinal, é longe de lá, e eles não gostam de viajar de avião. São professores tranquilos que vão de bicicleta para o trabalho. Além disso, o pai não gosta de gente tatuada, e mais: ela tem três irmãos homens. Era isso que me esperava para o almoço de apresentação numa cidadezinha da Áustria. Pensei: "Ferrou! Está chegando um brasileiro, tatuado, aleijado, para encarar uma família europeia toda fria". Perguntei para a Vicki: "Como é a entrada da sua casa?". "Tem três degrauzinhos." Putz, ainda vão ter de me ajudar a subir!

Para minha surpresa, na hora em que cheguei à casa, havia uma rampinha de madeira sobre a escada. Deu uma boa aliviada. Eu já tinha muita consciência do que sou, então estar sentado não ia fazer diferença. Minha preocupação era sobre como os pais dela iriam reagir no primeiro momento. Mas, na hora em que vi que fizeram a rampa para mim, percebi que encontraria pessoas que se preocupam.

Durante o almoço, me perguntaram se eu falava alemão. Respondi que sim e comecei a soltar o que eu me lembrava das aulas do Benjamin Constant: "*Guten Morgen, wie geht's? Ich heisse Fernando*". Quando passei a contar os números, *eins, zwei, drei, vier*... todos começaram a dar risada. Passei no teste! Os pais e irmãos dela me adoraram na hora. A família da Vicki é de pessoas simples e naturalmente boas. E confesso que a convivência com eles contribuiu para eu dar ainda mais valor à minha própria família, em especial aos meus irmãos. Meu pai teve um novo relacionamento, que já dura vinte e tantos anos, e dele veio o Lucas, moleque educado, pacato, carinhoso, "devagar quase parando", totalmente ao contrário do que eu fui. Já o meu relacionamento com minha irmã mais velha, a Camila, sempre foi de amor e ódio. A gente saía na porrada a toda hora, mas, quando era para me defender, ela virava uma leoa. Hoje sinto que a vida deu uma virada, e procuramos nos tornar os pais de nossos pais. Faço questão de ajudar minha mãe, meu pai e meu irmão pela eterna gratidão que tenho a eles. Minha irmã se tornou minha grande amiga, e o marido dela, o Denis, meu grande parceiro de trabalho e amigo.

Por incrível que pareça, meu acidente e a forma como lidei com ele nos aproximou como família. Fiquei preocupado em mostrar que eu me sairia bem daquela situação como sempre fiz na vida — seja nas dificuldades de quando era criança e tinha de me virar sozinho nas ruas ou nas besteiras que fiz quando fui um adulto imaturo.

Dessa vez, vi que eu seria o único responsável pelo que iria acontecer: por afundar a família toda em tristeza e viver isso comigo ou por levantar todo mundo e fazer com que nos apoiássemos, seja lá como fosse. Nestes anos depois da lesão, a família se uniu por necessidade. Até hoje batalhamos juntos.

EU NA MULTIDÃO

No esporte, é assim: se o caiaque virar, acabou. Eu não tenho a segunda chance, não posso errar. Então, quando você se propõe a fazer alguma coisa e só pode acertar, a concentração deve ser ainda maior. Só se pensa no acerto. Talvez essa ausência de segunda chance tenha me deixado mais centrado — não só no esporte, mas também na vida. E eu já errei demais.
 O esporte é uma metáfora para a vida. Ou melhor, o esporte é a minha vida. Eu tenho de fazer bem-feito e abri mão de tudo para isso. Por outro lado, é um prazer muito grande, porque me faz sentir mais gente, um filho melhor, um amigo melhor, um ser humano melhor. Essa é a minha prioridade: alcançar o equilíbrio mental para me aceitar em uma cadeira de rodas. Tenho a ausência da liberdade, só que confronto isso por meio do esforço físico dos desafios a que me proponho. É nessas horas que me testo, e isso me traz um ponto de equilíbrio.
 Quando cheguei ao hospital Sarah Kubitschek, eu me sentia um "zero" — talvez "menos cem". As boas oportu-

nidades sempre bateram à minha porta, sou uma pessoa inteligente — o.k., não sou estudioso, mas tenho cultura, vivência, experiência. De repente, quando tudo parecia acabado depois do acidente, eu percebi aquele momento de fatalidade como a única — e talvez última — oportunidade da minha vida. Durante o tempo em que estive na reabilitação, concluí que precisava me reencontrar.

Pensando, hoje, talvez eu realmente me boicotasse antes de sofrer o acidente. Parecia que, quando começava a ter vitórias, fazia alguma merda de propósito. Era eu mesmo que me levantava e também me derrubava. Não era consciente — talvez fosse algum medo de crescer, de ser grande. As pessoas sempre esperavam muito de mim, porque eu tinha carisma e todas as chances para crescer na vida. Mas eu ia lá e me boicotava. E o mais inexplicável disso é que eu nunca lidei bem com derrotas. Tudo o que faço é para ganhar.

Eu pensava muito sobre isso quando comecei a me reencontrar no Sarah. As pessoas costumam afirmar para mim, como se soubessem, que "minha recuperação foi um processo muito difícil". Mas, por incrível que pareça, não foi difícil. É até feio admitir, mas eu não saberia ser e agir de modo diferente. Não conseguiria aceitar minha situação de outro jeito senão da maneira como fiz. Desistir do que e por quê? O que eu deveria fazer, afinal? Ficar preso a uma cama, sentindo pena de mim mesmo? Talvez por conta disso eu hoje cobre tanto de quem está ao meu redor.

Acho que, em geral, as pessoas ficaram muito preocupadas com relação à minha vaidade. "Coitado, ele era um modelo bonitão e agora está aí, preso na cadeira de rodas..." Eu me sinto bonito do mesmo jeito, a cadeira é bonita, e minha vaidade é a mesma — eu só aprendi a lidar com a deficiência. Minha vaidade jamais será mais importante do que a minha felicidade. "Estar bem" vem de dentro, é o meu espírito, e o esporte me proporciona isso.

Houve uma fase, antes do acidente, em que eu saía demais para as baladas e acordava no outro dia querendo estar bem para treinar. Durante um longo período da minha vida, eu tinha meus momentos de loucura por causa de bebida, mas o esporte funcionava como uma punição. Era a minha penitência. Às vezes treinava e chegava a vomitar, porque tinha exagerado na noite anterior. Por mais que seja prazeroso, o esporte mostra o lado dolorido da vida. É quando se aprende a administrar essas dores que você começa a crescer pra valer.

A vida em uma cadeira de rodas é cheia de dores. Trabalho isso no meu psicológico, de aprender a aceitar, e isso se reflete na vida. Você acha que é fácil estar sentado o tempo todo? Dói tudo, mas meus parâmetros de dor são infinitamente maiores do que antes. O esporte me mostra que a vida é assim: lidar com problemas, dores, perdas e circunstâncias inesperadas.

Talvez seja essa a minha forma de mostrar às pessoas que o mundo é o que a gente quiser que seja. Você pode fazer o que tiver vontade, desde que crie seu próprio mundo e suas próprias maneiras. Não existe perfeição e imperfeição. Existe intensidade, vontade, criatividade e perseverança.

Se hoje sou feliz? Com certeza, sim. Se eu gostaria de voltar no tempo e refazer alguma coisa? Por incrível que pareça... nada. Porque acredito que o caminho que estou seguindo é o de pensar na história que vou viver lá na frente. O agora é isso — é rápido, é intenso, é forte.

Mas eu quero ver o futuro. E, para isso, só preciso seguir adiante.

E O FUTURO?

Às vezes a gente tem que entender que, quando uma porta se fecha, outras podem se abrir, se você estiver preparado para isso. Infelizmente acabei não participando das Paralimpíadas do Rio de Janeiro em 2016 como atleta. Mas conquistei vitórias muito maiores trabalhando dentro da própria competição.

Faltavam alguns meses para eu saber se iria ou não me classificar para os jogos, mas a Globo já tinha feito o convite para eu ser comentarista durante os cinco dias de provas de canoagem nas Olimpíadas — que aconteceriam duas semanas antes das Paralimpíadas. Esse interesse da emissora tinha uma razão de ser: o Brasil nunca teve tantas chances de ganhar medalhas nesse esporte, principalmente com o Isaquias Queiroz, que nos últimos anos vinha apresentando grandes resultados em provas de canoa simples e dupla. Competindo em três provas, ele tinha tudo para subir ao pódio (o que conseguiu fazer três vezes no Rio, com duas pratas e um bronze).

Até que passou o Campeonato Mundial e acabei não conseguindo minha vaga para os Jogos Paralímpicos. Quando ficou confirmado que eu estava fora, a Globo reformulou o convite que tinha feito: "Já que você não vai competir, não gostaria de estar conosco durante os Jogos? Não só para comentar as provas de canoagem, mas também indo aos programas para falar sobre o esporte? Representar a canoagem?".

A situação já ficava mais interessante. Eu não iria participar das transmissões somente nos dias das competições de canoagem, mas estaria no ar mais frequentemente, e em uma situação de destaque. E o que era melhor, falando sobre o assunto que eu mais domino.

Só que não ficou por aí. Algumas semanas antes do início das competições, a emissora fez mais um convite, dessa vez relacionado aos Jogos Paralímpicos. "Quer ser comentarista dos Jogos Paralímpicos como um todo?" É claro que aceitei.

Um tempinho depois, veio outro convite. "Você não quer apresentar um programa diário durante os Jogos Paralímpicos?". "Ué, nunca fiz, mas vamos tentar." Era algo inacreditável para mim. De repente, eu estava contratado para participar de toda a transmissão das Olímpiadas e das Paralimpíadas. Eu não estava fora — estava mais dentro do que nunca do sonho olímpico. E, mais do que nunca, eu me sentia pronto para aproveitar essa chance.

Só não imaginava que seria praticamente jogado na cova dos leões: "Vamos lá, você vai apresentar o *Boletim Paralímpico*! Estas são a câmera 1, a câmera 2 e a câmera 3.

Ali está o TP [o teleprompter, que mostra o texto que o apresentador deve ler]". A jornalista Cris Dias estava ao meu lado, e eu tinha de ler as chamadas com ela, além de ficar ligado ao ponto no ouvido, ouvindo as instruções do diretor do programa.

Eu já tinha participado como comentarista nos Jogos Paralímpicos de Londres em 2012, mas agora a coisa tinha mudado de figura. Quando dei por mim, tinha virado apresentador. De uma hora para outra, lá estava eu escutando um ponto, lendo TP como se fosse natural, olhando para as câmeras 1, 2, 3, 1, 2, 3... Está vendo como é a vida? Fui surpreendido por uma porta que se fechou, só que eu já estava pronto para aproveitar outra oportunidade.

Não foi moleza. Fiz reportagens sozinho, em que me propus a mostrar outros ângulos do esporte paralímpico. Comentei provas de canoagem ao vivo. Trabalhei desde de manhãzinha até a madrugada durante quatro semanas seguidas. Se como atleta eu estava frustrado, como comunicador estava muito satisfeito. Era bem mais do que eu esperava alcançar nesse período.

Compreendi que o que eu faço no momento como imagem é o que vou colher no futuro. E, se meu futuro é transmitir o esporte, é isso que me mostrará os novos caminhos. Estamos em um mundo onde o que conta é a experiência da vida. Lógico, você precisa ter certos conhecimentos específicos, mas o que conta é a experiência como um todo. O importante é saber aproveitar as oportunidades que surgirem e tentar tirar o melhor de cada situação, com foco, otimismo e coragem.

A exposição que esses jogos me deram está me ajudando a dar continuidade ao que desejo em relação ao esporte. O plano principal segue sendo as expedições com desafios filmados, em que busco me reencontrar com a natureza de forma extrema. Para o *Esporte Espetacular*, tenho um novo quadro chamado "SobreRodas", que me mostra enfrentando lugares extremos do mundo, como o Xingu, na Amazônia, o salar de Uyuni, na Bolívia, e as montanhas virgens da Noruega. Todo esse material também existe na forma de documentário em um programa para o canal de TV a cabo Off, o *Além dos Limites*.

E continuo em busca de novas ideias, novos desafios. Afinal, é isso que me move, é o que me motiva. Saio pelo mundo explorando e não paro de pensar em barreiras que gostaria de enfrentar. Vou competir em travessias com pessoas que não têm lesão, como a Molokai 2 Oahu, no Havaí, de 54 quilômetros, em condições muito adversas para alguém na minha situação. Sonho em participar da tradicional maratona de Sella, na Espanha, em que provavelmente eu seria o único cadeirante, o primeiro em oitenta anos de existência da prova. E posso chegar bem longe, fazer muito mais. Não quero pensar que os limites existem.

Quando você estiver lendo este livro, já vou ter produzido e realizado muitas dessas proezas — ou estarei realizando outras mais. Neste momento em que o final do livro é escrito, acabei de alcançar o topo de uma montanha gelada na Noruega. Olhei para baixo e para os lados e não encontrei nenhuma prova da existência humana. E comecei a descer, esquiando na neve brilhante, deslizando totalmente livre. Foi um dos momentos mais surreais, inspiradores e emocionantes de toda a minha vida. E vou continuar vivendo para experimentar muitos outros como esse.

EPÍLOGO: ANDAR COM FÉ

Assim que cheguei à recepção do hospital Sarah Kubitschek, três meses depois da lesão, a primeira coisa que vi foi um cara deitado em uma maca, aparentemente tetraplégico, imóvel do pescoço para baixo. Passei e olhei para ele, que me olhou de volta e puxou conversa sem cerimônia: "Ei, você não é aquele maluco do *Big Brother*?". Confirmei e respondi: "E aí, tudo bem?". O papo ficou por aí. Quando a gente se instalou no quinto andar, a minha cama por coincidência ficou ao lado da dele.

Conversando, à noite, o rapaz me perguntou o motivo de eu estar naquela condição. Expliquei que bati o carro e estava sem cinto de segurança. Fiz a mesma pergunta de volta, e ele respondeu: "Eu era doidão, cheirava pó, e uns caras porraram meu carro, o que me jogou do alto de um viaduto".

Não seria a primeira história terrível que eu escutaria durante minha permanência naquele hospital. Dia após dia, passei a conhecer e conviver com pessoas em situações muito difíceis, às vezes bem mais graves do que a minha. Ao invés de me abalar, isso me fez sentir como uma possível referência de força. Consequentemente, passei a enfim tomar as rédeas da minha vida.

Primeiro, entendi que a felicidade da minha família depende de mim. Meu pai ficou mal com meu acidente, sofreu um baque forte. Já minha mãe é mais bruta, se manteve firme e só desabou longe dos meus olhos. Ela se afogaria na tristeza se eu afundasse. Eu tinha de ser forte e mostrar a todos que posso ser feliz da forma que for. Eu cultivava a ideia de voltar a andar, mas sabia que era uma realidade que não dependia só de mim. Então, resolvi lutar...

Antes disso, no Hospital São Paulo, era uma batalha diária para acordar disposto. Eu sabia que tinha de dormir bem para ter energia no dia seguinte. Afinal, sou o personagem central dessa história. O que eu jogar para as pessoas elas vão me trazer de volta. Na hora em que me sentia cansado, pedia para todo mundo sair e dormia. Desligava o telefone, não abria o computador, me desligava do mundo. Criei um momento só meu. Quem decide o andamento do tempo e como as coisas vão caminhar sou eu.

E logo vi que, se transmitisse coisas boas para as pessoas, também as receberia de volta. Em 34 dias internado no Hospital São Paulo, aquele ambiente se tornou agradável, mesmo sendo um quarto todo branco com uma janela que não abria. Era só energia boa no ar. Fui sentindo uma responsabilidade positiva que me motivava e ia me alimentando também. Por quem eu precisava me reabilitar? Pela minha família, pelos meus amigos, por aquelas pessoas que ainda acreditavam em mim — e, para falar a verdade, aquelas que desacreditavam também passaram a ser uma motivação. Você simplesmente vai buscando razões para seguir em frente.

Até hoje me perguntam se chorei naquele período. Juro que não teve um momento em que desabei. Se chorei, foi de gratidão. As pessoas foram tão receptivas comigo que eu não conseguia sentir outra coisa. Às vezes, acordava no meio da noite e chorava sozinho, mas porque queria agradecer às pessoas. Quando vou ter a oportunidade de falar "obrigado" para todo mundo que me apoiou?

Por exemplo, veja o seu Otávio. Ele é o senhorzinho que vendia picolé no Parque Ibirapuera e que conheci aos doze anos, quando ia para lá sozinho de bicicleta. De tanto que ele me via por lá, acabei abrindo uma conta na barraquinha dele. Conforme fui crescendo, ele participou de vários momentos importantes da minha vida. A convivência era diária e até chegamos a correr juntos. Quando fui convidado para o *Big Brother*, ele estava literalmente ao meu lado. Seu Otávio me tratava como filho e, mesmo sendo uma amizade superficial do parque, tinha intensidade. Quando me acidentei, ele ligou várias vezes para a minha mãe só para saber como eu estava. Eu devia duzentos reais a ele e fiquei preocupado. Falei: "Mãe, dá um jeito de pagar o seu Otávio porque não sei quando vou voltar ao parque".

Quando ele foi me visitar, minha mãe conversou com ele na entrada do hospital e entregou o dinheiro que eu devia. Ele foi firme: "Eu não vim aqui para cobrar nada. Vim para ver como ele está. Quando quiser me pagar, ele vai levar para mim no parque". No meu quarto, seu Otávio esperou todo mundo sair para falar: "Fernando, eu sei que esse negócio de médico é tudo caro. Como eu tenho um dinheirinho guardado, se você precisar de alguma coisa, me liga para eu te ajudar a pagar". Um cara humilde, morador do Jardim Ângela, bairro pobre de São Paulo, e veja a consideração só pela relação que criamos no Ibirapuera!

Eu nunca admiti transmitir um sentimento de inferioridade para as pessoas. Só conseguia pensar em mostrar que estou em uma situação diferente da dos outros, nada além disso. Minha mãe sempre me deixou independente para eu me virar. Um dia, estava deitado no sofá do apartamento dela e gritei: "Mãe, desce aqui e pega o controle remoto para mim, por favor?". Ela apareceu na escada, me olhou e disse: "Você está de brincadeira, né? Vá lá você e pegue". Isso depois de um mês da minha lesão.

Fiquei puto na hora, mas aquilo foi fundamental. Essas pequenas atitudes teriam grandes consequências no futuro. A partir daí, nunca deixei de pensar que queria que as pessoas me enxergassem com respeito. Não queria ser visto como um coitado. Só precisava de uma ferramenta para que as pessoas me respeitassem. Só palavras não adiantariam; precisava ser com atitudes. Como conquistar esse respeito?

Eu nunca deixei minha confiança ficar abalada, por isso bati de frente com muita coisa. Eu estou sentado, mas faço o que quiser. Tive de peitar as situações e encará-las com coragem. Desde pequenos gestos, como quando me propus a ir à padaria pela primeira vez ou quando corri a São Silvestre no braço, com seis meses de lesão. Eu não sabia se ia conseguir, mas fui.

E é claro que eu consegui.

POSFÁCIO
O NANDO QUE EU CONHEÇO
Pablo Miyazawa

Quando conheci o Fernando Fernandes, ele ainda era o Nandinho. Era 1991, e eu havia acabado de me mudar com minha mãe e irmã para um apartamento na rua José Antônio Coelho, no bairro da Vila Mariana, zona sul de São Paulo. Eu já conhecia algumas pessoas que viviam no bairro e estudavam na mesma escola que eu, mas demorei um mês para ter coragem de me misturar. No primeiro dia de férias de julho, fui forçadamente apresentado para a turma toda de uma vez só. O Nando era o menor do grupo (eu tinha treze, e ele, dez), mas jogava bola melhor que todo mundo — percebi na hora. Reconheci-o logo: era o irmão menor da Camila, que fazia a sétima série comigo no colégio Benjamin Constant.

Nossa vida fora da escola se passava nos corredores e nas poucas áreas de lazer do prédio, mas também dentro dos apartamentos. Formávamos um grupo enorme de moleques, meninos e meninas beirando a adolescência. O Nando não raramente era o mais novo e por isso ficava meio deslocado. Às vezes participava das brincadeiras, mas logo se entediava e ia arrumar outra coisa para fazer. Podia ser jogar bola ou azucrinar a vida alheia. Ele nem deve se lembrar da maioria das proezas que fazia, mas eu lembro, porque fui o alvo de algumas delas (na primeira ovada de aniversário que levei na vida, a honra do primeiro ovo coube a ele). Sua energia era infinita.

Muito do que o Nando me relatou neste livro, especialmente na primeira parte, eu fui testemunha ocular. Estive com ele, por exemplo, no dia em que se deu bem em seu primeiro teste para um comercial, para as pastilhas Garoto — de sete meninos da nossa turma, ele, que quase ficou de fora porque não cabia no carro (só no porta-malas!), foi o único que a agência escolheu. Todo mundo teve o maior orgulho de ver o Nandinho nas páginas centrais da revista, mostrando a língua e fazendo careta — e, dessa vez, ganhando para isso.

Fui morar em outro prédio em 2000, no mesmo ano em que ele se mudou também, então perdemos contato. Foi um susto quando o encontrei em uma balada na praia de Camburi, em janeiro de 2002. Sabia que ele tinha crescido, mas não tanto: estava bem mais alto do que era antes, muito forte e chamando a atenção de quem passava por perto. Era quase irreconhecível para mim, que ainda tinha a ideia de "baixinho" como referência. Nando contou que estava passando a temporada na praia, divulgando uma marca de cerveja ("Pagando de gatão na areia", nas palavras dele). Estava feliz o bastante para me cochichar um segredo: "Vai acontecer uma coisa bem legal comigo, mas não posso dizer o que é. Logo todo mundo vai saber". Só entendi meses depois, quando vi na TV o comercial de um novo programa chamado *Big Brother Brasil*.

A passagem dele pelo reality show foi muito rápida, mas suficiente para o Brasil inteiro descobrir quem era o Nando. Mas não era assim que o chamavam: para as outras pessoas, ele era o Fernando Fernandes, boxeur, modelo e celebridade instantânea. Nosso amigo de infância estava famoso, e era bem esquisito saber mais sobre ele pela imprensa de fofoca do que pelos conhecidos. Meses depois, ele ressurgiu para nos reencontrar na festa de aniversário da irmã dele, em uma danceteria. Mas mal conseguia andar sem ser cercado por dezenas de mulheres querendo encostar, avançar nele ou ao menos estar perto. Andamos atrás, fazendo fila e rindo daquele absurdo. E ele parecia saber aproveitar cada minuto.

A vida ficou complicada e passei a acompanhar à distância cada nova notícia sobre o Nando — tanto as boas como as eventuais ruins. Em maio de 2009, em mais um aniversário da Camila, ele reapareceu para a turma depois de anos longe. Tinha acabado de voltar da Grécia com grandes planos para a carreira internacional de modelo. "Agora tenho certeza, essa é a minha chance", garantiu, em uma mistura de esperança e ansiedade pelo lançamento da grande campanha de grife que ele estrelaria dali a dois meses. Saí de lá achando que o melhor da vida dele ainda estaria por vir.

Algumas semanas depois, veio o que parecia ser a pior notícia possível. Um grave acidente de carro, o risco de não andar mais, o drama do futuro incerto, o fim da carreira dos sonhos. Era terrível demais para ser verdade. Conscientemente ou não, não fui visitá-lo e optei por torcer pelo Nando de longe. Devo ter imaginado que ele fosse precisar de isolamento do mundo para se recuperar. Ou talvez eu não quisesse vê-lo sofrendo e sentindo pena de si mesmo. A única verdade é que eu não me sentia capaz de entregar as palavras positivas de que ele devia precisar naquele momento.

Como já havia se tornado praxe, o Nando continuava a nos surpreender. Na televisão, ele passou a aparecer completamente recuperado e disposto. Tinha planos e projetos sérios que envolviam o esporte e a motivação. Já não era o mesmo moleque elétrico que só queria saber de zoar e jogar bola. Estava focado, falava com convicção e parecia melhor do que todo mundo à sua volta. Quando se tornou campeão de paracanoagem, já não havia dúvidas de que estava muito adiante em seu próprio caminho. Fomos nós que tivemos de correr atrás dele. O Nando não iria mais parar.

Eu não sabia ainda, mas a ideia de um livro sempre esteve na cabeça dele depois do acidente. Foi por isso que ele se mostrou tão receptivo quando retomei contato em 2012, sugerindo uma proposta em forma de parceria: ele me relataria sua trajetória, eu a colocaria no papel. Para mim, seria uma maneira de compensar a ausência dos últimos anos, assumindo a missão de contar a história dele para o mundo. Em uma reunião em um bar (ao som de uma roda de samba), fechamos o projeto. No encontro seguinte, uma semana depois (que resultou na primeira de muitas entrevistas realizadas durante quatro anos), ele me entregou dois cadernos recheados com a reprodução do diário que começou a escrever ainda no hospital, duas semanas depois de sofrer a lesão.

No início, achei que o diário seria apenas um guia para eu compreender a louca trajetória do Nando, mas, de tão bem elaborado e organizado, concluí que merecia ser reproduzido aqui do jeito que foi gerado — respeitando o texto escrito furiosamente à mão, recheado de frases de efeito e palavras bem escolhidas. É um material impressionante que descreve fielmente os percalços e vitórias de alguém que sofreu uma grande perda e transformou isso em superação. Aliás, ele odeia essa palavra. "Todo mundo é um exemplo de superação. Todo mundo tem problemas na vida", ele repetiu várias vezes nos últimos anos.

A cada novo encontro ao longo dos anos (espaçados ao longo de vários meses), fui descobrindo e admirando um Nando diferente. A escolha de palavras foi mudando e as histórias que ele contava ganhavam riqueza de mensagens e detalhes perdidos no tempo. Certa relutância do início das conversas foi dando espaço a opiniões firmes e embasadas, fruto da experiência adquirida e da profunda reflexão a que ele se permitia. Já a essência dele, essa permaneceu intacta.

O Nando tem muito mais a dizer, a fazer e a conquistar, e obviamente não parou depois de todos os títulos na paracanoagem. Em nossa primeira entrevista, em dezembro de 2012, os objetivos futuros dele estavam à vista, rabiscados em letras grandes na parede do quarto na casa da mãe. Quase cinco anos depois, ele cumpriu quase todos eles — e surgiram muitos outros, escritos em novas paredes. Ele não quer e não vai parar. E a gente que tente acompanhá-lo.

Você acabou de ler e ouvir o Fernando Fernandes. Mas agora também pode chamá-lo de Nando.

TIPOGRAFIA Adriane e Solido
DIAGRAMAÇÃO Tereza Bettinardi
PAPEL Pólen Soft, Suzano Papel e Celulose
IMPRESSÃO Lis Gráfica, julho de 2017

MISTO
Papel produzido
a partir de
fontes responsáveis
FSC® C112738

A marca FSC® é a garantia de que a madeira utilizada na fabricação do papel deste livro provém de florestas que foram gerenciadas de maneira ambientalmente correta, socialmente justa e economicamente viável, além de outras fontes de origem controlada.